名家名译书系

WORLD CLASSIC
MASTERPIECES SERIES

瓦德西拳乱笔记

[德] 瓦德西/著　　王光祈/译

时代文艺出版社

图书在版编目（CIP）数据

瓦德西拳乱笔记 / (德) 瓦德西 著; 王光祈 译. —长春：时代文艺出版社，2012.12（2021.5重印）

ISBN 978-7-5387-3786-8

Ⅰ. ①瓦... Ⅱ. ①瓦...②王... Ⅲ. ①义和团运动—史料②八国联军—侵华—史料

Ⅳ. ①K256.706

中国版本图书馆CIP数据核字（2012）第266873号

出 品 人　陈　琛
责任编辑　付　娜
装帧设计　孙　俪
排版制作　隋淑凤

瓦德西拳乱笔记

[德] 瓦德西 著　王光祈 译

出版发行 / 时代文艺出版社
地址 / 长春市福祉大路5788号　龙腾国际大厦A座15层　邮编 / 130118
总编办 / 0431-81629751　发行部 / 0431-81629755
官方微博 / weibo.com / tlapress　天猫旗舰店 / sdwycbsgf.tmall.com
印刷 / 保定市铭泰达印刷有限公司
开本 / 710×1000毫米　1 / 16　字数 / 210千字　印张 / 16
版次 / 2013年6月第1版　印次 / 2021年5月第2次印刷　定价 / 49.80元

出版前言

如果说文艺复兴是"黑暗时代"的中世纪和近代的分水岭，是使欧洲摆脱腐朽的封建宗教束缚，建立新的社会制度体系的前奏曲；那么，"五四"运动和新文化运动则堪称是"中国的文艺复兴"，因为它同样使中国摆脱了腐朽的封建统治束缚，引起了思想和社会变革。人文主义哺育的这个时代，巨人辈出。

欧洲文艺复兴时期的巨人，他们为多种学科作出杰出贡献，是当时的博学家；中国文艺复兴时期的学者，也多少存留西方文艺复兴时期巨人的遗风。本社选辑的这套"名家名译书系"，就是为纪念在这个理性的萌芽时期，在文学、历史、心理学等方面作出卓越贡献的先辈们。

书系的译者大多是在英、法、美、日等国留学深造过的，他们有的是国内外闻名的作家、教授、文学评论家、文学史家、思想家、语言学家、翻译家、教育家、出版家，有的甚至还是著名的考古学家、收藏家、社会活动家、革命家等，这既使他们的翻译充满人文色彩，又使他们的创作闪烁理性光彩，比起其他译本，他们的译本有大量的注释，涉及神话传说、政治、社会风俗、地理、典籍引用等，显示了译者渊博的知识，可以增加读者的见闻和阅读趣味，非常值得一看。

而且，本次出版选辑的书籍，多是外国文学（包括诗歌、散文、小说、戏剧、文学评论、童话故事等）、历史、心理学名著等最初引进国门时的译本，多是开先河的中文译本，所以在编选的过程中，编者不但选择不同时代、不同国别的名家名著，还注重选择体现不同学科领域的经典译著，具有非常重要的人文阅读、研究和史料价值。

原稿中存在大量民国时期的英译、法译或其他译本转译的人名、书名和地名等，为了更加符合现代读者的阅读习惯，本书都尽最大努力予以注释。另外，这套丛书多是民国时期翻译的作品，所以文字叙述多是半白文，标点、编排体例等也不同于现在的阅读习惯，本次出版，在尽量保证原书的原汁原味的同时，也做了大量的修订工作，以使其更契合21世纪读者的阅读口味！

源远流长的世界文化长廊堪称是一个典藏丰富、精彩纷呈的文明与智慧之海。绵延千载的沉淀，逾越百年的积累，筑就了取之不竭、美不胜收的传世名著宝库。有熠熠生辉的思想明珠，也有不朽的传世之作；有刀光剑影的世界战争史实，也有皆大欢喜的民族融合赞歌。为此，"名家名译书系"的编选萃取世界文化史绵延数世纪、丰富积淀之宝藏，从古代的希腊、罗马到近代的印度、意大利；从日本文学的起步，到欧美文化的滥觞……沿着时光的隧道，让读者跟随美丽的文字从远古一步步走到今天，尽阅世界各国数千年的文化风貌，勾画出人类文化发展的演进脉络，并从中获得视觉的美感以及精神的愉悦，从而开始一段愉快的读书之旅。

目　录

1900 年

8月之日记 002

8月25日之报告 009

8月25日柏林威廉皇帝来电 011

8月26日之报告 013

9月18日之报告 014

9月21日柏林威廉皇帝来电 016

9月25日之报告 018

9月29日之报告 020

10月5日之报告 024

10月7日之报告 027

10月9日之报告 030

10月13日之报告 034

10月17日之报告 036

10月22日之报告 038

10月26日之报告 042

11月3日之报告 046

11月9日之日记 048

11月9日之报告 049

11月11日德皇威廉二世自柏林亲笔书寄瓦德西之函 050

11月12日之日记 053

11月14日之报告   055

11月19日之日记   057

11月20日之日记   058

11月20日之报告   059

11月23日之日记   061

11月24日之日记   062

11月24日之报告   063

11月25日之日记   068

11月28日之报告   069

11月29日之日记   071

11月30日之日记   072

12月4日之报告   073

12月8日之日记   076

12月5日之日记   077

12月6日之日记   078

12月7日之日记   079

12月7日之报告   081

12月9日之笔记   082

12月10日之笔记   084

12月12日之报告   085

12月12日之日记   086

12月17日之日记   087

12月18日之日记   088

12月19日之日记   089

12月21日之日记   090

12月22日之报告   091

12月23日之日记   093

12月26日之日记 094

12月27日之日记 097

12月28日之报告 098

12月30日之日记 099

1901 年

1月1日之日记 102

1月3日之日记 104

1月5日之日记 106

1月6日之报告 107

1月6日之日记 108

1月10日之日记 109

1月10日德皇来电 110

1月12日之报告 111

1月16日之日记 112

1月17日之报告 113

1月17日之日记 114

1月18日之日记 116

1月19日之日记 117

1月20日之日记 119

1月23日之日记 121

2月1日之日记 123

2月3日之奏议 124

2月4日之报告 127

2月10日之日记 129

2月11日之日记 130

2月12日之日记　　　　　　　　　132

2月15日之日记　　　　　　　　　134

2月16日之日记　　　　　　　　　135

2月21日之报告　　　　　　　　　136

2月25日之日记　　　　　　　　　138

2月27日之日记　　　　　　　　　139

2月28日之日记　　　　　　　　　140

3月1日之日记　　　　　　　　　　141

3月2日之日记　　　　　　　　　　142

3月5日之日记　　　　　　　　　　143

3月8日之日记　　　　　　　　　　144

1月19日威廉皇帝由柏林致瓦德西之信　　145

3月9日之报告　　　　　　　　　　148

3月11日之日记　　　　　　　　　150

3月13日之日记　　　　　　　　　151

3月18日及19日之笔记　　　　　　152

3月20日之笔记　　　　　　　　　154

3月21日之笔记　　　　　　　　　156

3月21日之报告　　　　　　　　　157

3月23日之报告　　　　　　　　　159

3月23日之日记　　　　　　　　　161

3月24日之日记　　　　　　　　　162

3月23日恭上德皇之电奏　　　　　163

3月26日德国国务总理之复电　　　164

3月26日之日记　　　　　　　　　165

3月28日之报告　　　　　　　　　166

3月28日之报告　　　　　　　　　167

3月28日致参谋总长施里芬伯爵之函   169

3月28日之日记   171

4月1日之报告   172

4月2日之日记   174

4月4日之日记   175

4月6日之日记   176

4月7日之日记   177

4月8日致德国驻京公使之函   178

4月8日之报告   180

4月10日之日记   181

4月13日之日记   182

4月15日之日记   183

4月16日之日记   184

4月20日之报告   185

4月18日之日记   188

4月19日之日记   189

4月23日之日记   190

4月25日之日记   191

4月26日之日记   192

4月27日之日记   193

5月3日之日记   194

5月5日之日记   195

5月6日之日记   196

5月10日之日记   197

5月12日之日记   198

5月13日之日记   200

5月16日之日记   201

5月18日之日记   203

5月19日之日记   204

5月20日之报告   205

5月20日之日记   206

5月21日之日记   207

5月22日之日记   208

5月23日之日记   209

5月25日之日记   210

5月26日之日记   211

5月27日之报告   212

5月27日之日记   213

5月29日之日记   214

5月30日之日记   215

5月31日之日记   216

6月1日之报告   217

6月2日之报告   219

6月5日至8日之日记   220

6月11日之报告   226

6月12日之报告   227

6月14日之报告   229

6月21日之报告   231

6月22日之报告   234

6月24日之报告   236

8月5日德皇致瓦德西之函   240

11月23日之报告   241

1900年

8月^①之日记^②

8月初间，与吾玛丽娅滞居于Neverstorff。7日，方欲由彼处前往贝希特斯加登，忽奉皇上电旨，任余为东亚高级军事司令，并谕立刻前赴威廉斯港谒见。闻命之下，一时惊喜惶恐交集。吾妻之贤惠美德，是日又复充分表露。当其御召初来，恰有如霹雳一声，使她为之震颤。但一转瞬间，她又神色安定，深信上帝必能始终保佑。倘使吾妻相爱之情，犹有再行增进之可能者，则此短聚之十四日间，实其时矣。她尽力设法使余勿过感别离之苦，此种态度直至那不勒斯码头分手之时，她犹能强自保持也。8日，余到威廉斯港，皇上待余极为优渥，并偕余散步半小时，讨论当时局势。皇上告余，彼自始即欲促成在华列强共同动作。幸而列强方面，亦渐渐有此醒悟，非共设一位联军总司令，其势难期最大胜利。未几，首得俄皇方面同意，赞成余为联军总司令。皇上对于此次对俄交涉胜利，似极为得意。并信其他列强，亦将次第赞成。但余不知奥匈、意大利、日本三国之同意，究竟何时可得；是否现刻已经征得，或需待至17日余再到威廉斯港谒见之时。此外法、美两国方面，至今尚无回电。英国方面则正在接

---

① 此段乃瓦德西后来追记，其中所述系自是年8月7日奉诏赴华至8月23日乘船离欧为止。——译者注

② 瓦德西于赴华途中及驻华之日常作一种日记式之记述，每隔若干时日寄回德国家中一次。——译者注

洽之中。以日本或美国担任总司令一职之事，自始即认为万不可能。奥、意两国则以其所负军事责任之少，在华利益之微，不复提出此项要求。只有俄、英两国，自信具有担任斯职之资格，但彼此均不愿相让，而且当时亦无人希望英国担任总司令一职，因英国在比伦战争一役，英军名誉损失不小，故也。若法国方面担任斯职，虽不免英国出来反对，但究竟具有可能之性。不过据余所知，法国方面实未尝提出此项要求，如其有之，余信皇上或将承认。至于现在总司令问题之解决，实归功于俄皇之迅速决断。（俄国大臣）库罗帕特金本人虽欲谋得斯职，但英国方面决不承认。现在此间以为北京各公使馆，已与外界完全隔绝。大家多疑大祸业已实现，所有全体外人已为中国"仇教主义"之牺牲。皇上对于此事，曾特别注意讨论，并立誓报复斯仇。皇上每听旁人窃议"中国政府对于此种过激行为，或终有所畏而不敢出，北京各使馆人员，或尚生存，亦未可知"云云，辄怒形于色，不以为然。皇上以为法、美两国必能赞成德国方面担任总司令一职。皇上又令德国海军，亦复归余指挥。此事于余极为有益。但海军大臣心中，似不以此举为然。彼以为将来内部必发生许多争执，盖德国陆军与海军，同归一个司令调遣者，此次似属于创举，故也。所幸者当时除V.亨克将军外，施里芬伯爵、Sendnn 及迪德里希斯两位海军提督，亦适在威廉斯港，对于司令部组织事宜，得以彼此直接讨论。

余之出发，以愈速愈妙，故决定乘22日由那不勒斯开驶之萨克森号海轮前往。皇上发谕廷臣，代为预备一切。我们于9日到柏林准备行装，并到各部（陆军部、海军部，尤其重要者为外交部）接洽一切。11日复往汉诺威料理房屋，并准备将来如或不能再归之手续。15日再到柏林，召集总司令人员会议。17日正午，复赴威廉斯港辞阙。18日晚间，复回柏林。20日早晨到安哈尔特车站。

最可怪者是外交部中之办事情形。当时国务总理适在俄国滞留，对于中国问题，无法向其咨询，而且彼对于此事，似亦毫无兴趣讨论。至于外交大臣比洛，则其时正住诺德奈。皇上曾因梅特涅之传介，与彼常有电报往来，但亦未被征询。所有海陆远征各队之出发，皆仅由皇上一人决断派遣。副大臣李希特霍芬则其时正在假期之内，不问一切。此种现象竟发生于政治问题如此紧急之时，可怪孰甚。当时代摄外交部务者，为斯图加特地方代表 Derenthall 君，待余极为恭谨。但彼到职未久，亦不能多所助余，彼仅能用其职务名义，以与各国公使接洽而已。至于此次最有关系之人，实为余之昔日友人荷尔斯泰因。彼自亨克尔事件之后，已成为余之死敌。彼近得素负干才之枢密顾问 Klemeth 为其助手。余现在毅然决定身入狮穴，与彼相晤。余二人对谈之下，彼此故意装作仿佛前此未曾发生嫌怨一样。彼并出各种文件相示，凡对于余有关系者，均令余阅视。彼此晤谈许久。余因而明了吾国对华政策，除了惩罚华人之外，未有特别目的。皇上诚然常有"瓜分中国"之笼统思想，但其本意，仅欲在世界政治舞台占一席地，至于由此态度所发生之结果如何，则未尝有一明确概念。荷尔斯泰因深以吾国此种政策未免过分为忧。彼预料必与列强发生许多纠葛，余亦以彼之意见为然。彼更谓吾国之派遣铁甲舰队，难免刺激英人之心，实属大可不必。

在陆军部与参谋部之间，以及陆军部与海军部之间，又复发生权限问题之争执，势将对于全体发生不良影响。因此余第二次到威廉斯港之时，特奏请皇上严旨干涉，皇上即当面许可。在柏林之时，巴林君曾来谒余，并为余言，船到大沽口起岸之时，若未先行预备驳船，势将发生极大困难。彼之言竟不幸而中。余遂遣彼前往海军部中交涉，但该部以为此种预备，系属于陆军部中之事。陆军大臣曾希望以青岛为大本营，盖彼实不知青岛殊非适宜之地故也——至少在最近数年之间，尚不适宜。此事幸余及时察觉，加以干涉。但是余对于陆军部此次之热心赞助，却不能不加以承认。所有关于远征队之编制出发等等手续，皆可令人佩服。虽然其中曾有几点错误，但就大体论来，总算成绩不小。当时陆军大臣正在给假期内，迨到一切主要工作既竣之后，彼始归来。彼之僚属以为彼不在部，于事之进行，反为有益，余亦甚以彼等之言为然。艾内姆将军对于此次一切预备，实为主要人员。因为完全缺乏海外远征经验，以及不知战地情势等等之故，所以我们对于该部一切预备不到之处，宜加以相当原谅。此次最令人佩服者，实为该部毫不吝啬，其准备规模之大，颇为余前此意料所不及。因为对于纵队之准备，过于铺张，以致需马甚多，特在澳洲、北美两处采购——余对于炮队之充分准备，则毫无闲言——倘若当初不购马匹，改置日本、上海、广东等处易于购买之普通运输器具，则我们可以俭省数百万金钱，而且步队亦可较早出发。其他联军各国远较我们办理得法。尤其惹人注目者，实为我们之卫生队，其设备过于铺张，常为其他各国所惊讶。在各医生之中，有几位极为高明。至于红十字会派来之医院，人数既众，设备更富，其实未免多事。余之司令部大有人满之患。余虽曾经宣言，不需军事稽查以及军事审判人员——在远征队中已有此项人员——但仍然照例派遣前来。反之，余甚需用军事邮便，却又不妥为设备。至于司令部参谋长一职，都中拟以业经出发之旅长施瓦茨霍夫少将充任，余亦甚赞成之。其他参谋人员，余请陆军少将 N. 盖尔，以及巴燕、萨格森、费登伯格三联邦之军官各一人，出来担任；又马歇尔、克尼格、Kö-nigsmarck、瓦克斯、奥伊伦堡诸人，亦均派在参谋处任事，皆已得当局批准。其余人员则请亨克、施里芬两人自由选派。此次最有益的，为皇上差遣舰长乌瑟多姆以及余甚喜悦之传令官 V. 伯恩氏前来佐余。

18 日，司令部全体人员奉诏齐赴卡塞尔。皇上命余一一带入宫中谒见。见后，皇上乃正式赐余帅笏，并对余发出一种稍嫌过于活泼之演说。不幸此项演说为某家报馆所得，大施其恶意利用之伎俩。在晚间之前，已有消息传到威廉斯港。据云：北京已由联军占领，该处皇室业已逃走。此项消息初来，当然顿使皇上大为失望；因彼脑中曾深信北京各国公使以及使馆全体人员，早已被杀；而且预计余到中国以后，全体联军前此因疑落雨时节碍难前进者，至是将在余指挥之下，直向北京开行，余将因此获得占领北京之荣誉。此种梦境，现在已成陈迹。北京各国公使仍然生存；所虑落雨时节，今年亦未如期而至；联军之前进，已因日本努力而实现；北京之占领，并未费去巨大的牺牲。但稍为凝思一下，觉得我们在中国方面应做之事，尚有很多。余并力劝柏林当局，将德国远征队之组织特别扩充，亦蒙完全照准。德国军队为余唯一信赖之军队，且为余之基本实力所在，余固早已了然。又余以总司令资格，与联军各国周旋，其间必发生许多困难问题，亦为余早已料知。至于北京皇室之逃亡消息，余闻之甚觉可喜。倘使中国皇室在北京方面为联军所虏，则其势毋须劳力，便可议成和约。如是则余到中国之时，必嫌太晚，我们在和议席上，或将丧失重要位置。

皇上对于此次远征之役，怀有一种发展我们东亚商业之最大希望。皇上并令余谨记在心，要求中国赔款，务到最高限度，且必彻底贯彻主张。因为皇上急需此款以制造战舰，故也。其后余更察知，皇上欲在山东方面扩充我们占有权利。为达此项目的起见，甚望能够置手烟台之上。皇上似乎曾谕海军提督本德曼[①]乘机攻取。其后此事未经实现，皇上颇感不乐。现在皇上当然预计余到中国之后，施行此种攻击计划，而况余手中更有铁甲舰队供其指挥乎！

余此行确未奉到一种指示机宜训令。除了几个问题曾向皇上叩询外，余亦未作颁赐训令之请求。余以为自己寻路做去，当极有趣。并愿此后亦不以问题去烦扰他人。

皇上对于余之个人，在实际上却极关心。彼遣御前侍卫两人，以随余行。并亲谕该侍卫等，对于余之生命安全，须负完全责任，不准一刻离开余侧。皇上曾向侍卫纳塞尔特别嘱咐，假如战争之时，余驰往前线太近，彼须将余立刻止住，紧拉马缰，不使前进。同样，传令官伯恩亦奉皇上之谕旨，对于余之勇莽冒险，须力加劝戒。皇上曾下谕劳埃德轮船公司，将所有头等官舱——其时大部分已由他人租定——一齐拨与司令部应用。又谕交通部长预备一驾上等花车，直达那不勒斯港。此外内廷方面，复送来香槟酒二百瓶，以及余平居最喜之预调酒五十瓶，以为途中之用，此项美酒居然——何等奇怪——竟自一齐到了北京。

现在社会方面，对于中国乱事，渐渐注意讨论起来。尤其是在远征队之成立与出发以后，爱国情感因受设置德国统帅之刺激，日益趋于强

---

① 系当时德国东亚舰队之统帅。——译者注

烈。在汉堡车站方面——其时该处得知余驾将到之消息，不过仅仅数小时——早已人山人海，向余庆贺。此种欢迎盛会，其后愈来愈多，一直经过汉诺威、威廉斯港、柏林诸地，以至于启程之日。皇上自己即常身先作则，为余大开庆贺之宴。余此次由柏林到那不勒斯，所有德国境内沿途盛况，颇令人忆及1870年[①]。凡余所到，或仅仅经过之车站，无不聚满群众。其中如莱比锡（此处更蒙特赖奇克将军以王命来贺）、赖兴巴赫、普劳恩、雷根斯堡诸处，来会者往往在数千以上；尤以慕尼黑一处，达于最高沸点。该处侍从武官莱兴费尔德伯爵，以王长子之命来贺；此外所有王公大臣，无不一一在场。此次确是一种巨大爱国波涛，经过德国全境，使余受着一种深刻印象。只是可惜一大部分自由党报纸，以及全体社会民主党报纸，用其可鄙行动，竟将此次盛举，弄成酒中灌水，美中不足。吾人在该报纸等之上，只看见责备侮蔑嘲笑之词，其主要攻击目标，当然是在皇上。德国在华三万军队现状如何？是否已陷入险境？实无人可以预言。在大沽及天津之战，可谓美满已极，当时反对党之报纸，岂非亦常对于出征同胞表示热烈同情，而收掩其批评诋毁言论乎？

至于余之个人，对于此种喧哗庆贺之举，极感不乐。现在众望所归，可谓达于极点，只使余有损无益。此种感想余在行将启程之前，屡向各相识者言之。此外余对于各种口头笔下或电中报上，誉余为最能胜此重任之适当人物云云，余但觉其为谄媚之语而已。

在库夫施泰因之时，陆军中尉宾德以奥皇弗朗茨·约瑟夫命来贺。彼并与余同车前往因斯布鲁克。该处长官及其僚属与将校团等，均在站中迎候。参谋长普费弗以大公爵尤金将军之命，伴余直至阿拉。8月21日早晨9点钟，车到维罗纳。该车主要部分，先由彼处直往热那亚，余则偕同伯恩、马歇尔、约克、罗吉斯特、韦尔贝格、沃尔曼以及其他人员，另向罗马而去。晚间8点即到。侍从武官布鲁萨蒂、礼官科尔西尼、司令官长以及德国使馆人员，均在站中迎接。只可惜韦德尔伯爵不在场，彼之代表

---

① 此系指普法战争之时而言。——译者注

为卡斯特伯爵。余乘宫车到奎林那尔旅馆，为意王宾客。22日早晨先赴万神殿，置一花圈于翁贝托一世王棺之前。然后再谒意王，叙谈甚久甚深。晚上8点钟，遂到那不勒斯，复得各处领袖之盛大欢迎。余乃与玛丽娅同赴旅馆，尚得两小时之期间，独自与她相聚。11点钟左右，我们同到码头，萨克森号即泊是处。但直至中夜之后，该船始准备完妥。现在遂到难为别离之时。上帝佑我可爱可敬之妻，并使她之心继续安稳！上帝是我之指导者！他将赠给我们一个为时不要太远之欢愉再会！余抱着上帝信心，怀着十分勇气，浮向海上而去，回望与我世间唯一无二爱人相别之岸上不已。

8月25日之报告①

（时在萨克森号船上。）

余与意王维克托·伊曼纽尔陛下，曾有三刻钟之晤谈。最初谈及中国战事，意王遂谓：意国之所以参与斯役者，实以意国为世界大国之一，对于此种列强共同行动，不应自外。即或意国在华并无重大利害关系之可言，亦不应袖手旁观。彼之遣派军队到华，为数极小，盖意国之意只在向着华人表示，到有该国军队而已。关于意国财政情形，亦复略为谈及。意王以为此役所需之费，当在二千万至二千五百万里拉②。谈次，意王复向余表示，彼甚希望意国在华军队，常能团聚一处。余乃答之曰：余将尽力，无论如何不使意军担任驿站以及类似驿站之役，余更将使意军常在余之附近驻扎。至于应用战舰一事，余从当时意王谈话口气之间，以及后来余与该国外交大臣晤谈之下，似乎除了大沽方面掩护陆军登岸外，并无一种确实计划。因此，余对于此事，便未详细商论。而且深恐意王陷于难于回答之境，所以关于意国海军提督③是否得有训令参加列强海军共同行动之问题，亦复未曾提出。但就余所得印象而论，似乎可以办到，意国海军

①此类报告皆系瓦德西所上德皇之奏札，唯原文既称为"报告"二字，故仍照原文译之以存真相。——译者注
②意国货币名。——译者注
③其时意国海军提督为E.坎迪亚尼。——译者注

提督特与德国海军提督接近；或者甚至于意国海军置在余的指挥之下，亦如现在奥皇弗朗茨·约瑟夫关于奥匈海军之所为[1]。

意王对于李鸿章分向各国单独交涉，破坏列强共同行动之谋，亦复甚为明了。意王及其外交大臣，对于此位中国显爵[2]，均甚怀疑。余于两人神色言辞中见之。

谈毕，意王复述及最近暗杀事件[3]。彼相信尚有秘密谋刺之组织。彼曾向吾皇陛下之警察官厅，给送各种重要消息。

谈后早餐，是为意王即位后之首次宴客。余得享傍坐女王之荣，并觉意王将来必深得贤妻之助。宴中复谈及无政府党人以及类似此种之党徒。余谓缺乏判断力之群众，需要一位具有明白宗旨、坚强意志、努力前行之首领，以为指导。女王闻余此言，似颇首肯。余在此处似乎不能不略为提及，意王维克托·伊曼纽尔即位之日虽不久，但大家均觉得，彼尝深思静察，具有比较其父治国，更当较为独立行动之决心。

从维罗纳到那不勒斯之途中，各处军事长官均到车站欢迎。在佛罗伦萨之时，都灵伯爵亦来迎接。彼等对余，无不热诚庆贺。并极信任余之指挥能力。在罗马逗留之时甚短，且未奉吾皇陛下谕往谒见神圣教皇之旨，是以未曾晋谒教皇。但余在此处不能不附奏一句，即所有沿途欢迎庆贺之中，天主教牧师来参与者，极为众多热烈云。

---

①按照奥国所派随员沃伊齐克队长之报告。该队长现居船上。——原注
②系指李鸿章而言。——译者注
③系指意王亨伯特7月29日被刺之事而言。——译者注

8月25日柏林威廉皇帝来电

（该电系8月26日在波赛接到。）

自君旅行以后，中国方面之军事情形如下：

北京已被占领。联军各司令拟将北京置于军事管理之下。皇室业已逃走。舰长波尔带领二百七十三名登陆水兵，已到北京。舰长赫克特随着赶去。霍普芬纳将军已令海军两营登陆。其第一营已由玛代带往北京，现已经过一半以上之途程。霍普芬纳自己跟着前进，已有两日在途。铁甲战舰大约八日左右即可到吴淞，将与彼处巡洋战舰之长官接洽调用之事。扬子江流域方面，现正在发酵之际。厦门及其附近发生暴动，教士被打，日本庙宇被毁。日本在厦门已令军队登陆。满洲方面，尚继续与俄战争。在政治方面，俄国愿与李鸿章议和之希望，现已表露于外。但此事因各处尚在继续战争，恐一时不能成为事实。据各种消息，中国军队沿运河而上，压迫天津到大沽及天津到北京两线。李鸿章曾向各国提出愿任议和调停之人。中国政府亦以彼任议和大使一职，向各国绍荐。余已拒绝李鸿章，并将此意向中国驻德公使①及中国政府言之。因为俄国既已占领满洲，我们尚有他种军事任务亟须实行，故也。据我所知，除俄国外，他国政府尚无接受李鸿章之请求者。

———————————

① 中国公使系吕海寰。——译者注

余与（英国）皇子威尔士亲王及（英国驻德大使）拉塞尔斯，曾在威廉斯港宫内晤谈；对于拒绝李鸿章之事，以及扬子江流域政策，已得其谅解。扬子江流域对于各国，应该门户开放；各国得自由保护其侨民；对于占有菲律宾根据地及希图直向中国海面扩张特别势力之美国，在扬子江流域方面，不应许以特别权利。皇子冯·威尔士及拉塞尔斯甚望英国将李鸿章拘执，以作人质。关于我们此次之谈话，已由拉塞尔斯报告索尔兹伯里勋爵，并请彼①对于上所建议各点，发一共同宣言②。

除了俄国，其利益范围仅限于满洲与中国北部，而且在华亦无商业或商人需其保护，因与吾人行动不免异趣外，其余各国目的可与吾国一致者，则为各国均不希望过于急速议和。恰与吾人主张先行平定乱事，恢复国内秩序，承认一个新组政府，要求保证将来一切者，完全相同。即在俄国虽有希望和议之心（此事与俄国金钱恐慌亦有关系），但因中国暴徒续向北方开来，恐俄国此种和议希望，亦非立时可以实现。俄国预备输往东亚之军队，现尚滞留于敖德萨地方者，据最近消息，又已开始动员。

威 廉

---

① 指索尔兹伯里勋爵。——译者注
② 此段为1900年10月16日所订"扬子江条约"之前史，阅者注意。——译者注

8月26日之报告

（时在萨克森号船上。）

皇上陛下，余与（俄国）皇子 Engalitschew 上校之谈话，不敢遗漏弗报。

该皇子云："此次对于中国开战，我们甚感不便。我们希望西伯利亚铁路之建筑，不为所阻。在十年或二十年以后，满洲将如已熟之果，落在我们手中。中国方面情形，因北京之占领，诚然大为变迁；但其前途如何，尚不可以预测。现在第一步决定，先将炮兵两旅停止动员。使我们最为忧虑者，厥为日本。我们相信日本现正预备派遣两万军队，前赴高丽南部。我们亦将因此在高丽北部，集合第三西伯利亚军团。我们自己绝无并吞高丽之心；但对于日本之占据该地，则万不能忍。现在我们对于此次战事费用再加上一部分因铁路被阻所受之间接损失，其数业已达到二万万之巨，颇使我们大受影响尤其令我们怀疑者，究竟中国是否具有此项能力，赔偿参战各国费用？吾皇对于此次事件，只与拉姆多夫伯爵，以及威特、库罗帕特金两位大臣亲自讨论。关于吾皇之意见，余未完全得知；但有一事可以见告者，即余辞阙之时，吾皇曾谓余之指挥职务，至多四个月内可以完竣。"云云。

在余船上，皇子 Engalitschew 曾设法与余之各军官闲谈，故意牵入政治问题。但该皇子却未能因此侥幸有所获得。盖余对各军官曾有训令，对待一切外国军官，均宜特别周到；但一谈及政治问题，则应设法避免。当皇子 Engalitschew 向余言曰："贵国皇帝当有占据山东以至运河之意。"余答之曰："关于此种问题，余未得有训令。"

9月18日之报告

（时在香港。）

皇上陛下，当余行抵香港以后，余之行程首段，业已告终，不敢遗忘，详报一切。

所有沿途经过之海港，余皆得着英国官厅极优之款待与尊敬。在新加坡之时，余遇着两只法国军队运输舰，以及一只载有第十六炮队之俄国志愿军舰。法国运输队首领朗纳格雷斯、克莱门特·德·格朗普雷两位高级中尉，对余极为恭敬，并谓在余指挥之下作战，实不胜荣耀欣喜之至。其后彼此之间，更以坦白态度谈及普法战争，以及余当时参战之事。当余乘萨克森号离开该港，约距两只法国运输舰不及三十米之远，慢慢开驶之际，所有法国舰上士卒两千左右，均奉命齐集舱面，各位军官则聚立指挥地点，并奏《军礼进行曲》及《万岁，胜利者的桂冠》①两曲，以庆送余。当余命令乐队演奏《马赛曲》②一曲作答之际，彼辈于是大声欢呼良久，各位军官亦皆举起军帽摇荡不已。余之左右各有劳埃德公司之华丽轮船三只随行，当其经过该港码头之时，要塞方面，布雷斯克号与布兰达号两只英舰，以及意舰维苏威号，均各放礼炮十九响。所有法、俄军舰以及

---

① 此为德意志第二帝国时期（1871-1918）的非官方国歌，同时也是普鲁士王国的国歌。——编者注
② 此系法国国歌。——译者注

许多停泊该港之德国轮船，无不悬旗致贺。余甚相信上述各种优礼，除令人得着一种永世不忘之印象外，未尝不略含政治意味。尤其令人注意者，所有各种庆贺之举行，以及他国臣民之表示，均含着一种真挚的同情。

余在此处（指香港）得一印象，即英、俄两国在直隶方面，甚为龃龉，颇希望余从速早到该地。因此余在上海之逗留，仅以接洽吾国公使及该处高级军官所需要之时间为限，随即赶向大沽而去。

尤有一事令余欣然报告者，即在哥伦布、槟榔屿、新加坡各处，德国一切事业均有兴盛发扬之象。余所接见之德侨，无不一致以为吾德在东亚方面海陆军事之发展，实促进吾国之尊严与荣誉不少。尤其是特别荣耀者，吾德得着统帅一席。

此外不来梅-劳埃德轮船公司近年发展航业之计划，尤令人欣喜不置。该公司于去年曾将苏格兰东方轮船公司之全体船只（计共十三只）以及霍尔特轮船公司之大部分船只（计共十一只）收买。所以德国旗帜常常表现于前此德船踪迹罕到之许多海港。又北德劳埃德公司所属之"印度中国海岸航线"，其船只已增至二十七艘，尚有八艘在制造之中，现将竣工。

9月21日柏林威廉皇帝来电

（系9月22日在上海接到。）

关于阁下之行动方针，余有所告谕如下：

中国政治局面，现以两事为转移。其一，系俄国方面所条陈之撤退驻华军队。其二，则为余向列强建议，在中国未交出北京祸首处以相当刑罚以前，决不与之开始谈判。俄国撤兵条陈，仅可得着法国方面赞成，但法国亦非出自心甘情愿。至于英国政府则已拒绝俄国之请，正与余同，只是较余更为严厉一点。日本方面仅愿将其可以省减之兵额暂时撤退。美国政府则以为如果俄国坚持其议，美国当不加反对，唯此事悉听美国驻华司令自由处置。余之联盟国奥匈及意大利，则赞成余之建议。俄国方面，现正努力约同法国，将其撤兵条陈，特别设法掩饰，一若并非与余为难者。此外又许以两旅军队，在津敬候阁下指挥。余甚愿余之军队，如为军事环境所许，宜驻在北京。反之，对于余之公使偕同其他列强公使离开京师暂往天津一事，余可不持异议。余主张以惩办祸魁为开始谈判之先决条件，其论点之合于逻辑，殊非列强所能反对。此外中国议和公使必须具有全权证书，方能与之开始谈判。余已命令海军提督[1]对于总督李鸿章之前往天津、北京一事，如英、俄海军提督主张允准放行，则我们亦不必特持异

①该提督之名为本德曼。——译者注

议。反之，如英、俄不允准，则我们宜立于不利李鸿章之方面。

据余所得消息，并天津、北京之间，亦未尝达于安宁之境，更何论其余中国各地。我们军事责任，现在尚未完竣。中国现尚未醒悟对于外人所应负之义务，该国大臣犹日日欲用其神拳魔术。

今日君之责任，宜用麾下所属列强兵力，制止中国一切继续反抗行动，勒令中国承认各种赎罪条件，然后始能着手外交谈判，使中国对于外人之关系，得一满意之解决。余之宗旨，始终未变：只求中国恢复秩序，立于一种具有充分强力的本国政府之下，允许外人得着和平文化工作之稳确机会。因此君宜速到大沽，即由该处行使一切军事手段。余之驻华公使①已得余之命令，前往天津，告君一切政治现状。

---

① 该公使之名为穆姆·冯·施瓦泽斯坦因。——译者注

9月25日之报告

（时在赫莎号巡洋舰上。）

在香港之时，余受英国总督布莱克爵士及英国军事机关[①]之竭诚招待。余赴英国总督早餐之宴，因得与之久谈。余觉得该总督以及余截至今日曾经晤过之一切英国军官，对于俄国皆极为仇视。该总督系一位深悉中国情形之人，并因邻近广州之故，常与李鸿章来往。彼以为李鸿章实系今日中国大臣中唯一堪膺议和使命之人。又该总督之僚属人员，均谓李鸿章在满洲方面有田甚多，所以对于俄国，遇事特别顾忌。

当余在赫莎舰竖立帅旗以后，从此正式就任陛下东亚海陆军队总司令一职。余于午后启程前往吴淞，萨克森号轮船亦即随后跟来。余于本月21日11点30分钟安抵吴淞海湾，受该处所泊许多战舰之优礼欢迎。

因欲晤见陛下公使穆姆·冯·施瓦泽斯坦因之故，特乘劳埃德公司轮船前往上海。该处欢迎场所，因地理上之关系，系设在法国租界之内。英国将军克雷之为人，可谓善于布置。彼令各国军队，如法国、日本、印度之类，以及上海志愿兵，聚集起来，举行一种规模宏大之军礼；而驻沪（德国）第一东亚步兵联队中之第一、第二中队，亦参与其会焉。又该将军请余次日检阅全体军队，并以印度骑兵卫队为余驻节上海期内之用，余

---

① 海军方面系由司令鲍威尔代表，陆军方面系由将军加斯科因代表。——译者注

均感谢承受。

倘若余赴阅兵典礼之时，身系黑鹰勋章之带，掌握元帅指挥之棒，跟着手持帅旗之陛下侍卫一人，以及军官数十；更有无数华丽服装、勇武相貌之印度骑兵，往来驱散拥挤参观之华人，实令人不免发生一种舞台演剧之感。但余深知此种演剧式之办法，对于亚洲居民，却是应该有的。

除了两个德国中队之外，其余各国军队，亦令余得着一种良好印象。尤其是午后参观两个印度联队及其内部详细组织，使余所得印象益深。该联队之士卒，皆系以从军为职业，已经几度"再役"。余觉其军事训练颇好，而且甚为忠实可靠。其服装军械，亦极为精善。所有帐篷设置，无论寒暑均备。此外更有不能忘述者，即（英国）将军克雷，与其各位军官，对余极为竭诚优待。并屡次表示受余指挥作战，至为荣幸欢欣。又法国两位军官、贝内舰长与维利尔斯上校，待余除了特别礼貌外，亦颇能诚实相对，余亦乐在此处述及。

余相信现在聚泊吴淞上海之多数兵舰，以及各国陆军五千左右，必能使长江流域，一直上至汉口，镇静安定无疑。余并相信管辖该地之两位（中国）总督，颇欲压制民众暴动之举。据现在所知，该两总督曾因此杀却许多暴动分子。但吾人对之亦不能完全信任，盖中国大臣实无一可以信任者，彼辈始终只向有利一方行去而已。长期驻扎海陆重兵于上海内外，甚感必要；即或因英国之故，组成一种含有国际性质的，亦无不可。余与陛下公使及克纳佩总领事对于此事之意见完全一致。

现在泊于大沽海湾之陛下兵舰伍尔特号、汉莎号、俾斯麦殿下号三只，已在望中。余此行第一目的地点，即将达到。

9月29日之报告

（时在天津。）

远征队之起船，遇着极大困难，办理非常缓慢。大沽海湾极不便于起船，因此运输舰必在距离大沽八海里之遥，即须改载驳船，而此项驳船复因海波之故，往往镇日受阻。起船码头本来已经甚短，而复被参战列强同时应用，其结果常常因为他国运输器具塞满码头之故，我们无法起载。此外，起船时间，复受（白河河口）水栅之影响，每二十四分钟之内，只有两次可渡，每次约需数分钟。尤感困难者，当初在不来梅码头装载之时，对于行军情形，丝毫未顾。譬如军队立刻需用之物件，如战场用具、被盖等等，则置在舱内下层；反之，其他物件可以展缓数星期起船者，却堆集舱内上层。又如大炮筒子与其车架系拆开分别装载，因此直到今日，尚有一个炮队仅仅装好两个炮筒。又如医用车辆则堆在舱内上层，而医用药品现在犹深深埋在舱内下层。若此之类，不胜枚举。初到之时，甚感驳船缺乏。此种驳船可以由白河直达天津，我们当初对此丝毫未曾留意。

细考上述种种缺点之原因，除海湾及码头外——码头方面颇使工作延缓——实以今次输送如此大军于如此遥远之地，为我们前此未有之举。同时海军方面亦缺少派遣远征队之各种经验。海军副提督本德曼告余曰：关于起船之事，彼在远征队到达以前，未尝预得何种通知云云。究竟当时能够征集几许可以上驶白河之驳船，现在余当然不能再为判断。陆军中将莱塞尔①曾告余曰：若欲征集许多可以上驶白河之驳船，恐非海军副提督本德曼所能办到。但莱塞尔自信，如得不来梅 - 劳埃德及享宝两个轮船公司之介绍，彼（指莱塞尔而言）能于较短时期内办妥。余因以此事托之。又余可以报告者，自余抵大沽海湾之后，关于起船问题，空气为之一新。所有前此海军副提督与陆军中将莱塞尔两人间之分歧意见，现已调解捐除。

因海浪汹涌之故，总司令部起船之期，未能于26日实行，所以改在27日晨早，即于是日正午移驻天津。余在大沽海湾之时，尝思及大沽北京间一百五十公里长远之战线，而仅仅倚靠大沽一个地点；并且起船装船之无限困难，以及现在冬日将临，为冰所封者当有三四个月之久，实对于军事行动，大感不便。因此，余必须另寻一个宽广根据之地。此事若要实现，只有将山海关占领一途。因该处运输之舰，可以驶到岸边一千米之近，而海湾冬季又不全冻，故也。余将以该地为兵站，在冬日之际，余更将以之为总兵站。此种主张，除俄国海军提督 Skrydlow 外，其余各国海军提督均一致赞成。余深知俄国颇欲将山海关独自占有，但余却以俄国此举未免过分，因余应尽顾全联军利益之义务，必须将该处占领，以为参战各国共同利用，故也。

因此之故，余到大沽海湾之日——在25日——即命令海军副提督本德曼与停泊该处各国战舰之海军提督接洽，将余之意见，向彼等详细解释，并询其是否愿意共同动作。此外，余又密令本德曼，倘接洽之时发生困难，则即独自设法占领。余将大沽海湾驻军一大队，归彼调遣。而且余在上海之时，即早已下令铁甲战舰，开在大沽海湾集合。余曾将余之意见，详告（俄国）皇子 Engalitschew 上校，并请其电告圣彼得堡方面。唯彼以为俄国正拟拨调攻下北塘以后现正赋闲之军队，往占山海关，或者海军提督更将由旅顺方面派军相助云云。余因向彼宣言曰：该处系在直隶境内，此种军队当然隶属余之指挥之下。

————

① 此人系德国东亚远征队之指挥官，1900年7月8日在德动员，9月中旬到华。——译者注

昨日晤见皇子 Engalitschew。彼因闻联军战舰实行余之提议，将于日内开往山海关，故特来向余重申其意见。彼尤抱不安者，即风闻英国军队亦将同在该处登陆之说。又昨日英国将军阿尔弗雷德·盖斯利爵士来谒，并询余是否允许威海卫驻军参与斯役。余即当面许可，并立刻通知海军副提督本德曼。该将军亦因尚需商议接洽之故，立即往谒海军提督西摩而去。余深知英、俄在此之龃龉，将从此愈趋激烈。余曾令海军副提督本德曼，俟军事稍稍得手，即在归彼调遣之大队中挑选两个中队，在该处起船，作为兵站以驻扎之①。

当余将此间情形稍稍研究以后，知其现尚纷乱已极。余实毫不迟疑，以此事之咎，完全归诸俄国。因该国最先对华开始单独谈判，以致列强共同行动为其所阻，否则列强目的，必能早达无疑故也。一方面俄国将其大部分军队从北京撤退，而他方面德、意两国却正派遣军队前往。因此列强不能一致行动之情形，实已明白表露于华人之前。倘使美国亦将其驻华军队之半撤回，则担任其咎者，俄国实应当首屈一指。此外列强不能一致之情形，更将完全实现。倘若美国军队从直隶省撤退，或者不久俄国亦继其后；而同时德、法两国却正派军前往该省。至于德、俄两国军队以及两国军官团之间，尚称友睦。但余以此种表面友睦，系俄国方面故意为之，以便彼辈实际上对余所用之诡诈推托种种手段，皆能由此遮掩其迹。

从大沽至天津之间，以及天津重要部分，已成一种不可描写之荒芜破碎。据余在津沽路上所见，所有沿途村舍，皆成颓垣废址——塘沽系五万居民之地方——已无华人足迹。从此地到北京之一段，余之参谋长施瓦茨霍夫少将，曾两次经过其地。据其报告，凡军队行经之地，但见其一片凄凉荒废而已。即北京自身，亦因烧抢之劫而大受破坏。失所流离之民，据估计约有三十万人，但实际上似或多于此数，散居于该段旁边，大半均在露天之下。在现刻良好天气之际，或尚可苟延几时。至于饥荒疫病之必先后继至，实已无疑可言。余相信此种无居无食之灾民，必将使附近

----

① 中国军队退出山海关系在9月30日之中夜，因此联军占领该处，并未发生战事。——译者注

居户，陷入恐遭抢劫之不安状态；或者此项灾民竟自投身拳党。余因此之故，遂以为如此行军则只能多多制造拳党，且其制造之数，当远较战时剿杀之数为多也。

联军彼此相互之间，其关系各自不同。吾德军队与其他一切各国军队相处，均甚相得。彼辈对于吾德军士所取之态度，皆甚惊服。在军事方面，以日本军队之编制——完全依照普鲁士模范——武装、调度及服务为最善。法国军士为一般人所轻视，甚至于俄国军士亦不愿与之交际。美国军士对于各国军士，均抱谨慎态度。就吾人所得印象而论，美国军士虽不是一种恶劣之兵，却不是可以信任之人。大约其中所杂之冒险分子，似乎不在少数。跑到天津街上抢人，甚至于以手枪攻击法国步哨之事，皆曾发生。倘一旦该军士等解除军役以后，势将成为中国居民之巨害。[1] 此间联军军队一部驻在欧人租界房屋之内，一部则幕居附近。因各国司令互相协力合作之故，所有天津租界及其附近之秩序，尚称佳善。现在天气甚好，暖和，但昼却不热；凉冷，但夜却不寒。将来夜间渐凉，则当特别预备一切。如驻扎长久，并将注意及于至关重要之饮水问题。痢疾在各军队之中业已开始发生。

---

[1] 瓦德西9月28日之日记曾云：对于德军之态度，无论列强及华人，均甚赞美。此处所谓德军，系指当时曾经参与战事之六百海军而言。至于开往攻取北京之军队，并无德人在内。又现在德国派来之军队，则以其态度及军纪之佳，颇得一般赞许。——译者注

10月5日之报告

（时在天津。）

余到大沽之后，立即通电联军各国元首，报告余已行抵直隶。现在各国均有极友谊之回答。唯美国方面，仅令国务秘书海告余："来电业已收到。"而法国方面，则更是至今未曾回答一字。

此处尚有一件可以报告之事，即法国将军华伦个人，待余极为周到，甚至于向着他人埋怨某某，未能照样一如其他各国军队之听余指挥然。不过彼之参谋长——据余揣测——似常在其旁监视，以免彼溢出政府训令范围之外，过分隶属余下。但华伦却曾亲自向余要求参加保定方面之共同作战事宜。又法国将军弗雷因病复从北京回到此地，其人颇似一位忠实军人。彼对于吾国海军人士，以及后来对于霍普芬纳将军带往占领北京之军队，均甚为周到优待，实足令人赞扬。

俄国公使格尔斯亦于斯时抵此，并来见余。因彼为人虚伪所得之不甚良好名声，在此次晤谈中间，可以充分从彼之举止态度及目光变动中，显露证明。彼对于攻取保定之计划，曾作警告。因彼恐（中国）太后更将愈向内地逃遁，而和议亦将因此迟延。尤有不能预料者，现尚平静无事之中部各省，是否不因保定占领之故，亦复牵入旋涡？此外彼又以为倘若列强施用相当压力，则太后当不至犹豫下谕，毒死端王以及承认其他赔偿条件。余因答之曰：关于攻取保定一事，余现刻尚未下令。

此处尚有一事应该同时报告，即余固已早与英国将军阿尔弗雷德·盖斯利爵士计划，从北京、天津两面，共同往攻保定。但实行之期余尚保留，而且必须保留，因德国远征队所需之服装及武器尚未起船，故也。

在余前此报告已经述及之当初装船不善一事，现在更令人特别感觉。譬如运载第四联队全体之腓尼基舰，所有战场用具、军士外套，均放在舱内下层；复次，再将山炮及其他运输器具，堆置其上；最后更以四百吨大麦，压于最上一层。一直到了昨日，始将大麦卸载。又由此到京之运输，亦感巨大困难。现在海军步兵队之辎重，犹未准备齐全。该队大部分兵士，尚乘帆船溯向白河而上。余近思及秦皇岛港口之工作，以及由此赴站，相距三公里遥远的联络铁路之修筑，必须立刻动手①。俄国方面亦将竭力为之。② 又山海关至塘沽间之铁路，现已照旧行车。因此余遂希望，在此冬间，对于我们此间驻军，可以得一健全基础。

关于此事之讨论，又重新引起英、俄两国之龃龉，而且颇为激烈。英国甚欲抵制俄国扩充势力范围于直隶北部之野心，遂希望山海关至塘沽间之铁路，或直接退还中国管理，否则至少亦必交与德国手中。盖此路英国曾投资甚多，故也。反之，俄国方面则用全力图谋，早将该路及其管理占为己有。

余对于此事，纯以军事关系为前提，并宣言曰：无论何人管理铁路均可。倘若彼只将该路作为军事使用，而且所有联军各国皆得一律平等利用。因为在事实上，塘沽至唐山之铁路，俄国方面早已着手恢复；而且俄国又系首先利用唐山至山海关之铁路，所以余今日允许俄国将军林内维奇③担负恢复全路及管理该路之责。林内维奇将军之为人，颇似一位良好诚实之军人。彼对于一切预约之条件，皆完全承认，并作纸面条约以保证

---

① 秦皇岛之港口与车站，自中国撤退山海关之消息传出后，立即由德国海军副提督本德曼派遣德国海军占领。——译者注
② 此句之下，被威廉二世画横线，加一疑问符号。——译者注
③ 此人系俄国驻扎直隶军队之司令。——译者注

之。余对于英国要求，则拒之曰：倘英国该路企业若受损失，可向英国使馆陈述；而且此事应属于议和会议，此种要求，需俟彼时决定。反之，余请英国担任直临海岸至关重要之山海关第一要塞总司令，盖该处为英国首先占领竖立该国国旗之地也。

李鸿章于今早10点钟，由俄国护送离开天津，前往北京而去。彼令人于其行后，送一名片到余处。[①] 余所带来陛下钦赐俄国少将斯托塞尔[②]之徽章，于余到津之后，即在此间俄国全体军队排列之前，正式恭谨授与。该将军深觉无上荣幸，大呼陛下万岁，并请余代致恭谢之意。

军队之健康，虽尚未至可忧之境，但在远征队中，却已有七百病人。大约每个初到中国之人，照例对于该地气候，必须先缴若干贡金。所幸者所染痢疾之症，尚属不甚危险。而且防疫之法，亦已预为特别准备，以免军队传染。

最后犹有一事附告者，即余将用全力，务使前此余曾恭奏皇上之（中国战地）破坏荒芜情形，得一止境。余因此曾要求（俄国）将军林内维奇，以后占领中国城镇，务宜注意斯旨。

日本军队习惯，对于此种破坏，亦复素不顾忌。因此之故，山海关一役，特令德军一个中队先将该城正门占据，阻止日军进据。倘若该地秩序不久恢复，华人各归居所；又若倘遇新占之地，居民未尝出走，则吾人对于此项和平居民之私人财产，均须特别尊重；一切非法行动，均须严厉制止。

余之大本营尚未移驻北京，因运输所需之马匹帆船，尚甚缺乏故也。

---

① 瓦德西10月7日之日记有云：李鸿章——由俄国保护——与余约略同时抵津，居于华界彼之旧日衙门中，由俄国卫队保护。并有一次由哥萨克兵护送，乘坐肩舆，穿过租界。彼到津后，即立刻设法冀余招请，最后复使彼之俄国顾问克罗斯托维奇斡旋。余对李氏之请求，每拒绝之。又李氏往北京之时，系10月5日，乘坐巨大帆船而去。在北京之际，未受俄国护卫。——译者注

② 此人系俄国第三西伯利亚东路炮兵旅之司令。德皇因其在津指挥德、俄军队有功，故赐与徽章。——译者注

10月7日之报告

（时在天津。）

皇上陛下，余于今日发电上奏之后，尚有与（俄国）皇子 Engalitschew 上校晤谈一事，不敢遗漏不报。

该上校今日托余之副官禀余，请求接见，并作极为亲信之密谈。该上校谓余曰，彼甚欲预防一切误会，并为俄、德利益起见，特将俄国政策，说明如下：俄皇尼古拉陛下，甚愿驻扎直隶之俄军，受余节制。倘若当时余曾预定占领北京之举，应由余自率联军为之，则俄皇对此当特别满意。今因环境之故，竟由俄国将军（林内维奇）一人，早期占领，实为俄皇陛下至为不悦之事，因彼顾念对华邦交关系，故也。当其占领北京之消息传到（俄国）后，俄皇陛下以为在华政治局面，已经大变，遣送该皇子到华之举，亦已无必要。俄国对于占领北京以后，业已心满意足，不欲因为要求实行或他种条件之故，再施其他武力压迫。该皇子以为俄军撤退北京以及直隶之举，虽恰恰在余抵华之日开始实行，但此事之议决，却早在数礼拜前。今余对此，若抱不快之感，彼极能喻解其意。但彼甚希望余能谅解承认此举之动机。此外俄国方面，甚愿直隶一省能划入彼之永久的、独有的势力范围。该皇子以为俄、德两国之间对于该地势力范围问题，当不难协商谅解，盖从前彼此曾结条约，以黄河为两国势力范围之天然界线，故也。至于俄、英之间，则关系大不相同。英国频年以来，不断努力，在直隶省内，建筑铁道，开办矿业，从事各种贸易，以便培植自己势力。此种情形，将使俄国直到一种不堪忍耐之境。因此之故，自中国乱事开始以来，俄国即曾特别努力，将山海关—塘沽—天津—杨村—北京间之铁路及其管理（该铁路之内，英国方面，曾投有大宗资本，并安置大批英人）取入手中。自（俄军）撤退北京以后①，杨村—北京一段之铁路，诚然对于俄国已无重要意义，但俄国方面无论如何必须将铁路占领，以便和议之时，已有实物在手，得以凭借，或者竟由和议允许俄国获得永远占有该路之权。在俄国方面，最引为隐忧者，即英国在山海关及秦皇岛两处登陆军队之多，大为超过兵站卫戍所必需之数。

该上校旋复措辞曲折，并屡次声明，彼所奉告者，全系亲信之谈。继而又谓余曰：倘德国方面，对于此种与德不关重要之问题，能抱一种友谊态度，则俄国方面将特别感激不已云云。该上校于是复用许多甜言蜜语，使余个人亦复依此方针去做。其后彼更坦白直言，倘若德国对于中国欲施以有力压迫，最好是遣派大批军队，直向长江流域而进，必能如愿以偿。

当余与该皇子谈话之时，余大半谛听不语。唯告彼曰：吾辈十日以来所讨论之铁路问题，纯以直隶联军之行军情形为出发之点。余所注意者，只是联军在冬季之际，得一稳固基础而已。余对于俄国所欲者曾经特别迁就（而对于英、日、美三国将军之要求，则设法拒绝），使俄国得有修筑及管理该路之权；但附以下列条件，即该路需专供联军利益之用，以及该路车辆等物，得在余所命令修复之杨村—北京一段中行驶利用。

该上校既而乞余允彼前赴旅顺，谒见海军提督阿列克塞耶夫会谈此项铁路问题，以请该提督之允准；或者此项允准，该提督尚需先向圣彼得堡一询，亦未可知。该上校更补言曰：陆军中将林内维奇诚然为直隶方面俄军之司令，但关于行政事项，则须受海军提督阿列克塞耶夫之节制。

余因答该上校曰：余对于往谒海军提督之行，无所反对；但有一事

① 系从8月31日起开始撤退。——译者注

不可忘者，即吾人条约，业已口头议定，而且在场人员，一方面为林内维奇将军及该上校自己；他方面为余本人以及余之参谋长施瓦茨霍夫少将、参谋次长 N. 盖尔少将、上校约克伯爵。余视该条约，为已经完全议定。至于陆军上将林内维奇关于此种问题必受海军提督阿列克塞耶夫节制之说，实使余至为惊讶，但此项条约决不能因此再有更改。

　　该上校旋又谈到英、俄关系，并谓余曰：余到北京将与克劳德·麦克唐纳爵士相见，彼为仇俄最甚之人，彼之行动常使俄国受损。又该上校曾于前日在此晤见李鸿章，彼深信李鸿章曾同时密告俄、英两国，中国军队若见敌军一人踪迹，即将自行撤退山海关要塞，不复抵抗云云。

10月9日之报告

（时在天津。）

因为德国远征队战斗力尚未完全妥备之故，其势不能用诸广阔战区，为大规模之活动。余一直到现在，只能将北京兵力增厚两大队（第二步兵联队一，第二步兵联队二），并得（法国）师长华伦之志愿担任运河方面防务，使余之左翼因以稳固。自从现在各种重要武装运到后，余即着手组织保定远征队。盖余以为对于华人必须表示余之威权，以及应用此项威权之决心。此外余更觉保定府实有占领之必要。该城人口众多，为北直隶之首府。据可靠消息，北京逃出大臣，多在该地。

余因获得英国方面愿受法国将军指挥之一种（令人称道的）表示，余乃转请师长华伦担任天津纵队司令一职。

其在法国方面，却曾发生一些顾虑犹豫，似乎疑余或有其他特别用意。但后来法国方面乃举出旅长白劳德供余调遣。又余甚相信此次余令德军听受法国将军指挥之举，必能邀得陛下赞许。[1]

陆军少将克特勒[2]之人品与法国将军之为人，以及德、法军官之互相友爱，皆足以使余相信此次远征队之出发，必无不和情事发生。余曾指

---

① 攻取保定府一役，系用两个纵队，其一从北京出发，由英国陆军中将阿尔弗雷德·盖斯利爵士率之；其一则从天津出发，由法国旅长白劳德率之。——译者注

② 此人系统率德军，隶在白劳德法国旅长所属纵队之下作战。——译者注

令该两纵队之司令，限于七天左右达到目的地。但前进之际，必须随时联络；攻打保定之时，必须共同作战，总以骑兵张开包围为佳。倘若此役成功，余当获得一种精神上最大之胜利。余将对于俄国公使格尔斯前次向余提出之意见（谓余若占领保定，将使中国皇室愈向内地逃走云云）加以否决。其实此君之警告，正足以证明余所取之道，完全不错。而且据此间屡次所得消息，中国皇室逃向内地之事，固已早经实现。至于对待亚细亚人，只能行使威权，只能毫无顾忌地行使威权，方足以使其感动。此种信念，仍将为余以后一切行动之指南。

余所力谋之大本营移往北京一事，颇遇困难。一方因为山海关—北京之铁路问题，只能在此地讨论解决。他方则因运载许多物件所需之运输器具尚感缺乏。

现在余已定于13日开始动员。在此四日中，必须准备就绪。大部分行李系用帆船运输，沿白河而上，约需五日。大本营之运输用具，今日尚未抵达大沽。所以必须在此另行设法寻找他种运输器具。至于马匹一事，则仅能办到每个军官必需之额而已。

余以为此处再将大沽卸船一事重新提及，实为余之应有义务。

现在我们已经可以预料，当第二梯团运输舰到此之时，必在第一梯团运输舰尚未卸完以前。关于驳船缺乏一事，余希望能于数日之内设法向日本方面采办，以资救济。但当初装船不善所引起之困难，则始终不能避免。譬如四千五百箱病院用品，可以等待数礼拜再卸者，却均放在舰内上层。至于装载车辕之箱，则埋在该层之下，不能找出，以致早已起船之车身，亦均无法应用。又如大炮之车架、炮筒、炮弹、火药，分放船内四个彼此距离甚远之地方，以致各个大炮尚未全体寻出装好。此外第四步兵联队之全体外套，尚系深深埋在舱下。如此之类，不胜枚举。据今日远征队报告，第一运输舰之卸载，除因天气关系展期不计外，在10月24日以前，尚不能竣事云云。当初在不来梅港口装船之时，其势必须迅速装载，此固为余深知；但办事者之缺乏专门智识，余亦洞悉无疑。

至于远征队之健康情形，现在可以报告者，在天津塘沽方面，尚无严重堪忧之处。唯驻扎北京之两个海军步队，却令人不能无虑。在天津方面，每一万人之中，约有四百二十个病人，大半均系轻微痢疾，而伤寒之症极占少数。反之，北京方面之海军步队，则有二百病人之众，且多系伤寒之症。因此余拟等待前此增派之兵抵京后，即将海军步队由北京撤出。如无其他阻碍，余当令其前赴青岛。此间病院组织最为优良，现在设于两所宏大学校房屋之内。关于冬日暖屋问题，至今尚未解决——染病最甚者，当为日本，即在天津方面，每日亦有五六人死亡。倘若将来夜寒开始，恐印度军队亦将不免于难。

关于山海关—北京铁路开车一事，余因俄国各种布告素不可靠之故，尚未敢决言何日可以开驶。但余希望十一月底间，或者可以开车。

余对于一切事情，无不努力活动。但因号称共同行动而事实上却有时故作相反行动之七国，发生冲突太多，颇难扫除避免。此外凡有关海军之事件，必须先开"海军提督联合会议"，而后始能决定。最后更加以各地消息来往至为不便，譬如此地与北京之间，直至今日尚无电线联络（余希望五日以后，当可设好）；此地与山海关之间，直至今日，尚不能通电；由此地送一信函到大沽约需时间二十四小时。

现在北京方面，正在收拾中国皇后、皇帝所居之冬宫①以作余之司令部驻所。从本月3日起，已由陆军少将霍普芬纳接收办理。关于此事，余亦复备受俄国之刁难与欺诳②。该宫为俄国所保护，曾贴有印鉴封锁③。其中大部分贵重物品，尤其是较大之件，皆被窃去④。余既知此中情形，乃嘱咐陆军少将霍普芬纳，从俄国手中接收该宫之时，应使中国官吏参与

①即现在总统府。——译者注
②瓦德西10月8日之日记有云：余自始即曾宣言，余在北京，只愿驻居冬宫。而俄国方面，则用尽方法，提出一些不知羞耻之抗议，彼谓冬宫系在俄国保护之下。余则答曰：余若在彼处，得受俄国之保护，当甚觉安适愉快云云。——译者注
③但常常开启，启后复封。——原注
④细小宝物，则已由中国皇室逃时，随身携带而去。——原注

其事，并制成一种精确什物清单，以便将来德国军队勿受窃物嫌疑。（俄国）陆军中将林内维奇察知此种可畏之难关，于是设法避免，并不先将该宫直交霍普芬纳将军，一如余之所命，乃系先行交与华人，经过三十六小时之后，然后再由华人交与该（德国）将军。

　　余将尽力妥慎应用宫中一切房屋。倘若中国皇室一有回銮之望，余自当立即撤出该宫。

10月13日之报告

　　（时在天津。）

　　余细察此次攻打北塘要塞之情形，以及根据所得各种报告，乃知俄、华之间，必已早有成约，以致中国全体军队，能够安然为有秩序之退出。在要塞之中，发现死尸甚少，而且未尝俘虏一人。至于山海关及秦皇岛之要塞，亦似先有同样成约，而且似乎由于李鸿章之居中媒介。在山海关第一要塞之中，曾寻出一张纸条，更使此种揣测得以证实。英国炮舰一只派遣水兵登陆，竟将早为俄国备好之胜利忽然夺去。因而英、俄间之龃龉情形，又复继长增高。占领北塘要塞一事，由海军提督阿列克塞耶夫委托彼之随员陆军中将斯塔克尔伯格为之。其实该中将向与直隶驻军毫无关系。大概彼（指海军提督）欲借此以助该漂亮将军（斯塔克尔伯格）获得徽章之故耳。

　　往攻保定之举，已从昨日起开始进行。（法国）旅长白劳德对于天津出发之军队，已下一种极合机宜之命令；而（英国）陆军中将阿尔弗雷德·盖斯利爵士——余曾派遣少校马歇尔男爵佐彼一切——则尚未发出相当之命令。该中将曾于11日召集各队军事长官会议，彼之参谋长常在会议之中，屡次修正彼之意见。迨会议良久之后，彼乃仅命各队军官，准于12日开抵约距北京城南二十公里（约合中国四十里）之某处。此外并无一字道及开拔时期、侦探情形、行军途径、大批辎重，等等。该英国军队曾随身携载足供二十一天之粮食。当余尚未抵此以前，每值共同作战之际，各个支队辄作互相竞赛之式。此种行军方法，余亟欲避免，但现在彼辈似乎又作如此准备。

数日以来，谍报频至，谓天津、北京、保定之间，以及该处以南一带，聚有大批拳队，从事不法行为，并对该地居民施以种种横暴恫吓，云云。此外又复屡接消息，谓保定府驻有大批中国军队——其人数传说至为不一——曾与拳队相战。余曾命令各军，每逢我军所到之处，均应尽力搜捕拳民，捕到之后，立即枪毙。假如将来查出中国军队确欲剿灭拳民，并无愿与我们相战之意，则我军将领当派员与中国军队长官接洽；倘使中国军队撤出保定，退驻该城南面五十公里之处（约合中国一百里），联军方面当不加以攻击云云。余已将此意训令我军将领。余之所以如此者，系欲希望或者由此预辟开始和平会议之路。

自增派之军队登陆以后，余逐拟将远征队分配如下：第一东亚旅队，长驻北京；第二东亚旅队，长驻保定；第三东亚旅队，长驻天津。又保定方面，或将同时驻扎一个法国支队。此外法国军队并将继续担任天津南面运河一带之防务。而俄国军队则沿驻杨村—天津—塘沽—山海关铁路，特别担任护路之责。关于俄国军队数目，似乎共有两旅之众。但余现在业已养成习惯，每遇俄国方面之报告，皆不敢深信无疑。至于北京城内现在留驻一个意大利支队，与英、法、日三国军队各三四千人，以及美国军队一千四百人。因此余以为北京一城，人口数目既远不如前此所揣之多，又复深受此次乱事损失，现在驻以上述兵额，实属十分充足，并可担负北京附近一带防务之责。在天津方面因有租界之故，较易寻得优良驻扎之所，将留英、法、日、俄四国军队，约自二千到五千之数防守。所有北京及天津之外国军队详确数目，余均不易探得，因该外国军队等，迭奉本国政府之命，时时调迁变更，故也。

日来德国远征队运输舰起载一事，颇有进步，因此余希望到了 15日，可以竣事。

军队健康情形，现在渐趋恶劣，其主要病症，实为痢疾。近来夜间甚凉，对于站岗兵士，颇感外套缺乏，因而伤风者为数极多，其表现于外也，则为痢疾。从今日起，凡已起船之远征队，皆已穿服外套。

10月17日之报告

　　（时在北京，以下之笔记如未特别填有他项地点，则皆指北京而言。）

　　司令部之从津移京，系分为两梯队，于本月13日及14日启程。因运输器具尚未抵达大沽海湾之故，所以余只能利用特向（俄国）陆军中将林内维奇处借来之俄国单马军车，以资转运。至于大宗行李及粮食，则用帆船由津运至通州，再由通州陆运到京。所有沿途行经之路，一直至于北京城下，只是一片荒凉毁掠之景而已。（据云：张家湾从前人口计有六万；通州从前人口计有十五万。）沿途房屋未经被毁者极为罕见，大都早已变成瓦砾之场。凡建筑较大之物，如庙宇之类，则至少内部曾受重大毁损；所有佛像以及其他偶像，皆已打成碎块。究竟此种沿着联军津、京军路之荒毁地方，其宽度计有若干，余实未能确定，但余相信当不甚宽。从大沽经过天津直到北京之路线上，至少当有五十万人变成无屋可居，散处于附近之地。数日以来，通州方面，因帆船起载、下载，中国工人得有挣钱机会之故，渐有居民发现。余在天津此侧，直至该处为止，尚未曾亲眼看见过五十个华人。

　　10月17日，余抵北京，乃与陆军少将霍普芬纳约定，午前11点钟，乘马以入北京东南城角之大门。各位驻京联军将领，皆在该处迎候。计日本方面系陆军中将山口素臣，为驻京联军将领中之最老者；其次系英国陆军少将巴罗及斯图亚特两人；美国将军查菲及威尔逊两人。此外法、意、奥三国，则派遣其年纪最老之指挥官来迎。至于陆军少将霍普芬纳，则更早已骑至中途迎接。

　　恭贺既毕，余即开始入城，并以美国及印度骑兵中队为前导。所有上述各位将领，则骑马跟随余后。再后则为余之参谋人员，以及许多联军军官。最后则为日本骑兵中队。紧接余背之后，则为余之帅旗。当余初入第一城门之际，德国炮队在城墙之上开放中国大炮，以为敬礼。而日本炮队则在余进冬宫之时，立于宫外大理石桥之上，向余致敬。余所行经之路，需时逾一小时。沿途皆有军队排立于旁。所有逗留北京之欧人无不到场，即华人方面，亦复为数不少，来睹此项戏剧。余之行入冬宫，系先经荷池①上面一座桥。按此路线乃系特别预为选定者，盖因前此欧人，向来不许经过该桥，故也。

余与各位外国军官告别以后即入冬宫，复受使馆人员之迎接。余拟于下次报告之内，当再详细陈述该宫之地位与构造。唯此时已可奉告者，即所有外国将领，均谓余之决定选出该宫以作大本营驻所，真是一点不错。

上次曾向陛下奏报之往攻保定事宜，今日当已行抵目的之地。但余尚未得着该处报告。当联军前进之际，常常发现中国军队与拳队相战之遗迹。各个城镇入口之处，多悬已斩拳队领袖之头，以欢迎联军。余现在深信李鸿章及庆王均欲用其全力以压服拳民运动。余更相信占领保定以后，所有天津、北京、保定之间，可谓从此肃清完竣。

反之，白河左岸，尤其是上游一带，则尚为拳队猖獗之地。盖因彼处至今尚无军队派往，故也。余现在要求陆军中将林内维奇派遣小纵队协剿。同时复命法国、日本小纵队由此出发，以肃清之。此外余更令陆军中将莱塞尔统带开往北京之第一东亚联军第一大队勿沿兵站路线而上，宜取道白河左岸而行。

因欲使现在扯散之德国远征队依然团结之故，余乃令第一东亚联队内之驻沪第一、第二中队，及驻在塘沽的第三、第四中队，各以第二梯队内之两个第九中队补充。所以现在第一大队得以整个团结，开向北京而行。

余因应胶州总督耶斯克舰长屡求暂时增防之请，乃更派第九中队一个，前往该处驻扎数礼拜。

现在中国居民渐趋安静之途，吾人可从各种迹象中见之。

---

①即北海、中海。——译者注

10月22日之报告

联军占领北京以后，其驻扎地点之分配，一如当时各军攻入该城最初各自占据之处。其中冬宫一所，系落在俄国之手。此外该国更于前此一日，已将位在城北十五公里（约合中国三十里）遥远之夏宫①占据。

有所谓"禁城"者，系一种高墙围绕之长方形，位在皇都中央，为前此皇帝所居。因各国公使及驻京联军最老将领协议之结果，将该禁城划在占领区域以外，只准各国军队得有通过该城之权而已。四门均被占守，直至今日，三门犹为日本所占，一门则为美国所占。余以为此种议决，实属极为有损之举。而且此中主使之人，似为（俄国公使）格尔斯先生。此种规定仅能使华人得着联军虚弱之印象而已，余将设法使此种规定加以废除。因城内连日战争之故，所有全体市区，多被毁坏，但该城大部分，却尚能保存。北京街市之建筑颇有条理，恰与其他中国城镇之狭路错杂、毫无计划者相反。北京城内并筑有数条宽路，但均未铺石。凡余所曾经见过之各处中国城镇，多系土屋相集而成；而北京城内之大部分房屋，则系以石为之。唯大多数建筑层数，仍只有一重。

联军占领北京之后，曾特许军队公开抢劫三日②，其后更继以私人抢劫。北京居民所受之物质损失甚大，但其详细数目，亦复不易调查③。现在各国互以抢劫之事相推诿。但当时各国无不曾经彻底共同抢劫之事实，

---

① 即颐和园。——译者注

② "联军系于阳历8月14日至16日将北京占领。占领之后，即正式特许抢劫三日，系自8月16日至18日为止。至于德国军队则系8月18日及21日始到北京云云。"此段文字，系译自瓦德西笔记之旁批，当为印行该书之人所添入。——译者注

③ 瓦德西10月19日之日记曾云：所幸者，德国军队当初尚未到京。至于其后开来北京之军队，又皆极守纪律。云云。——译者注

却始终存在。

在英国方面，关于此类行军特长，却曾被以一种特别方式，即所抢之物，均须缴出，一齐堆在使馆大屋之内加以正式拍卖，如是者累日。由此所得之款，按照官级高低加以分派，其性质略如战时掠获金。因此之故，无一英人对于抢劫之事视为非法行动。而且英国军官曾为余言曰：印度军队——在此间之军队，几乎全系印度人——对于战胜之后而不继以抢劫一事，实绝对不能了解。所有此地各国军队，无不一致公推印度兵士最善于寻出各处密藏之金银宝物。

在日本方面，则对于此种掠夺之物，照例归于国家。由此所得之款，其数至为不少。据日本某将军之报告，只天津一处抢劫所得者，即有二百万两之多。

至于美国方面，对于抢劫之事，本来禁止。但美国军队颇具精明巧识，能破此种禁令，为其所欲。

俄国军队抢劫之方法似乎颇称粗野，而且同时尽将各物毫无计划地打成粉碎。

此外法国军队，对于各国军队（之抢劫行为）亦复绝对不曾落居人后。

关于夏宫宫中宝物已被俄国掠去之事，余从前曾向陛下报告。倘若当初报告之中，余曾提及，俄国曾将普鲁士君主前此所赠中国各物，亦复运往旅顺而去云云，则现在余须再将此事加以更正说明，即当时事实上，确曾预将各物准备运往该处。但因陆军少将霍普芬纳之严重抗议，业已将该物等交与霍普芬纳，现在存于德国使馆之中。当俄军撤去[1]以后，英国续将夏宫占据，并详细查点宫中一切余存之物[2]。

至于冬宫，则系由俄军两中队驻扎保护。当该宫在太后已逃及俄军未占之数日间，其中各物或曾由仆役偷取，亦为事实之可能者，但其数当

---

① 俄军系自8月31日起由北京开始撤退。——译者注
② 瓦德西10月19日之日记有云：各处买卖所抢之物，异常热闹。在各物之中，有德国金刚石黑鹰章一，现已落在第四人手中，最初系为俄人所得。——译者注

不甚大。其他各国军队，确实未尝进据宫内。但俄国却曾允许他国一些军官参观该宫，不过随时皆有俄国军官在旁伴行而已。所有宫中一部分建筑物，曾贴有印鉴封锁者，每值此种参观之时，则暂行撕去。

当陆军中将林内维奇将该两中队撤出北京以后，对于余前此与彼约定该宫应该直接移交陆军少将霍普芬纳之条件，未尝实行——当然系故意如此——彼系将该宫先行交与中国官吏。至于陆军少将霍普芬纳自接得消息至着手接收之际，其间相隔至多只有半日，而且接收之时，并有俄国军官在旁。

就宫内情形而言，又可证明该宫最大部分可以移动之贵重物件，皆被抢去。除少数例外，只有难于运输之物，始获留存宫中。至于皇室所居之房子——因其狭小之故，不应以"宫"字名之——未尝受着损害。反之，其余附属宫中之各处房屋，如戏园、庙宇、吏室、仓库等等之曾经封锁者，均被横加劈毁。所有其中存物，凡认为没有价值者，皆抛置地下以及院落之内。

为收拾宫中房屋以作司令部驻所起见，曾用九十人一连整理十日。现在虽已略可居住，但欲完全扫除就绪，则此刻尚不可能。所有戏台装束、浣濯用品、破碎之磁器玻璃、打烂之什物家具，直至今日，犹堆集各处，未被司令部划归应用之屋内。宫中有一座极为优壮之建筑，据云系昔日接见公使之地，现在该建筑之内以及其中宽阔天井之上，均被破物堆满。此项破物乃系前此扫除司令部用室时，所必须搬出者。余见各项破物之中，有数十个打破之摆钟，大概系因该钟之盘面或其他五色宝石，曾使当时见者顿生发财思想之故。尚祈陛下放心，余将用全力，以使一切由德接管之房舍物件，均常妥为保存。此外所有（中国）太后陛下所用之卧房及住室，余皆特别划出不用。尤其令余甚为满意者，即在进据该宫以后，立令海军大队两个，于本月21日，集在太后房前，举行战地祈祷之礼。

所有中国此次所受毁损及抢劫之损失，其详数将永远不能查出，但为数必极重大无疑。所最可惜者，即真正对于此次战事有罪之人，反受损失极小。又因抢劫时所发生之强奸妇女、残忍行为、随意杀人、无故放火等事，为数极属不少，亦为增加居民痛苦之原因。

近来秩序渐渐恢复。余可以言者，即自余来此之后，除少数例外，所有（各军）非法行动，已不复发现。余之要求各国将领注意军队纪律，爱护和平居民，亦正如余之谕令各军严厉对待拳民一事，同样不曾放松。

10月26日之报告

　　皇上陛下，余因交通不便之故，直至今日，始得详将攻取保定情形恭奏。

　　由天津及北京两地出发之支队，一如原来命令，已于（本月）18日行抵目的地之前。但其时却发现一个法国小队，从天津出发以后，曾经早期前进一段，已于13日行抵保定。余对此并不觉得法国方面曾有故意为此诡秘行动之心。只是该小队长官，途中未见中国军队踪迹，因而决以己意向前进行；但到保定城下，即行停住，未入城内。至于占据该城，则系奉阿尔弗雷德·盖斯利将军之命而行，盖该将军于两支队开到联接之后，即行担任总指挥一职，故也。

　　该城为直隶首府，据云，共有居民二十五万。该城之占领，颇使华人得着深刻印象。盖中国一般人方面，以及据余所熟知之李鸿章个人方面，均深惧该城占领，故也。保定城内，夏间曾杀戮各教牧师及中国教徒甚多。甚至于现在，联军犹在监狱之内寻出许多残酷被囚之牧师，加以释放。因此下令严厉搜查，并将中国大吏若干捕获，余将使彼等置诸严厉审判之下。

　　当余初到中国境内之时，只有天津、北京两处系用重兵驻扎，而以极稀薄之兵站线联络之。逾此以外，（中国）居民便不知有所谓联军也者。现在则情形大变。余希望不久天津、山海关、北京、保定府之间，皆将成为余之占有地带。

至于余与各联军之关系，可以奉告者，即英国人对余，随时皆极听命服从。同样，意大利人以及驻京奥国海军，亦极喜听调遣。

日本人则自视为完全隶属余之指挥之下。唯余对于该军，未尝委以何种特别使命。盖该军于上礼拜曾将其中大部分撤还日本，而担任此间守卫服役等项职务所需之数，已复不少，故也。此外该军与基督教国家之军队共同作战，亦尝发生许多不便情事。

俄国军队，在表面上，诚然承认余为总司令，所有形式上之敬礼，亦复未尝缺乏。但因此短期经验所诏之故，使余对于俄人一切言语保证，皆极谨慎承受。现在俄国军队驻扎天津、山海关一段，与余相距甚远；而且该军主要责任，系在建筑及保护铁路。因此之故，余近来对于该军除偶尔令其派送武装小队以外，未尝委以何等特别使命。

其中最称特别的，实为余与法国军队之关系。当余初到中国之时，（法国）华伦将军对余极为恭顺，并曾自述其希望，凡遇作战之事，幸勿令其落居人后。而现在此种情形，则渐渐变更。华伦将军尝自遣军队以作各种小战，而并不使余知之。此外彼更将前此向余提出，遣送法国军官一人前到总司令部听候差使之要求，自行撤回，并极恭敬地将此举诿之于彼所奉到的（本国政府）命令，盖该命令中未尝提及余为总司令一事，故也。余从前原冀委任（法国）白劳德将军担负从天津向保定出发、并有德国军队在内之联军支队司令一职，以谋（对法）关系之改善；但是经验所得，此种办法，却只能引起法军发生借口需索之事。譬如白劳德将军于占领保定以后，即行提出该城应归法国保护之要求，其理由则为法军一队曾最先行抵该城。（英国）阿尔弗雷德·盖斯利爵士将军应（德国）陆军少将盖尔男爵迫切之请，将此种要求严重拒绝。余自此事变以后，对待华伦将军，从此不敢疏忽。

至于美国军队，现在留驻北京者，已减至一千四百人，恰与法军一样，未归余之节制。（美国）查菲将军承认余为总司令之程度，只限于常常报告美国驻军人数之变迁情形，以及对余极尽统帅应得之军礼而已。

余以为前此曾经报告陛下之（北京）外交方面与联军将领间（关于

禁城除外）的协定，实有反对之必要，因此特到所谓"禁城"者一游。余偕所有驻京德、奥军官及使馆人员，并随以海军两大队所组成之战时中队一个，于本月23日前进宫内，参观一个半小时。

此处表现一种昔日庄严伟大之态，但亦久已趋于颓废凋残。其实此间除夏宫（即颐和园）、冬宫（即今之总统府）两处以外，所有一切（事物）盖无不如此。即皇帝每年领受大臣朝贺、属国献贡之所，亦复颓败不堪。若此种熟视颓败不加修理之皇室，而竟据有大宗财产，此实为余（所不敢相信者也）所不敢作如是想者也。但在外交界方面却流行一种谣言，恰与余意相反；而且此种谣言，并得驻京已有四十年、各方消息最灵通之主教樊国良认为确实不虚。据云（北京）皇室藏有三万万马克之储金云云。①盖当中日战争之际，皇室方面曾拟将上述数目存入东亚银行（德华银行？）及其他银行，以谋安全故也。

由此谣言又产出其他谣言，谓俄国方面曾将此项储金取去，已经运往旅顺云云。但照余之意见，此种谣传，实无确据；而且按照此间情形，储款必系现金，自余在夏宫、冬宫详细观察以后，究竟何处能够保藏此种大宗现金，此真非余所能相喻者也。

余常乘机前往位在北京西北十五公里之夏宫参观。该宫之地，系一新址，距离1860年10月18日为英军所焚毁之圆明园旧址，约有一公里之遥。而且前临湖水，后倚山麓，可谓为宏壮优美之作品②。自俄军撤退以后，为时不过数小时，即由英意两军占领。彼等（指英、意两军）审视该宫，表面既未受损，内部亦未打毁，却与冬宫内面两个处所之情形不同。但其中大部分贵重物品亦已被人抢去。此事必非华人所为，因该宫邻近无有华人，而且从俄军撤出到英军入占之间，为时甚短，故也。

现在所有余剩贵重物件皆被聚置起来。在英军方面，则放在一个大厅之内，派人防守；在意军方面，则装在箱子之内。至于英军方面所藏

---

① 系指皇室私产而言，约合华币一万万五千万元。——译者注
② 瓦德西10月24日之日记有云：此处当为中国境内第一个地方，能使余说余甚乐居此处也！——译者注

者，其中固然尚有几许贵重之物，但大部分却系未具美术价值之品，而且许多已经损坏。余曾询问彼等，对于此项物件，将作何种处置？其答语则为：关于此事，尚在敬候各该本国政府之命云云。余乃作亲信诚恳之语，以使格里尔森上校注意：倘君等真将各物运走，则将使俄人大为欢喜云云。余相信该上校当能了解余言之意。

11月3日之报告

现在我们已可看出，攻取保定之军队，当其向前进行之际，已收沿途各地暴乱分子受其肃清之效。复因该军等声威作用之故，更获得甚为重大之影响。

余现在甚为喜悦，可以报告陛下者，即联军共同动作之事，虽前此各次必须待余调解其争端，而此次则无重大龃龉而完成。此外余尚当报告者，即此次参谋次长盖尔少将之在场，实属极为有益。该少将颇能使该两纵队司令谨依余命而行，并能促使赋性似乎软弱之盖斯利将军，行事变为严厉坚决。

在余所占全部区域之内发现不少拳民，于此足见李鸿章之担保极愿尽力除灭拳民运动一事全属谎语。因李鸿章在中国人民之间，既具有如许势力，倘若彼能认真办理，其成效必当远甚于此故也。

当余驻扎天津之时，因遵照陛下命令之故，对于李鸿章之屡次要求晤谈均加以拒绝。迨余抵北京以后，李氏又托一位介绍人，向余探询是否允许晤谈，并谓李氏认为此种晤谈实有重大意义云云。余乃答之曰：假若李氏现在请求晤谈，余当可以允许云云。但李氏却迟延一个星期以后，始与庆亲王联名向余请求接见某某两位（中国）大臣。余对如此项请求立即断然拒绝。当前日庆亲王往谒（德国）公使穆姆之时，该亲王乃询问该使余（瓦德西自称）能否在该使馆之内，与彼（指庆亲王）及李鸿章接谈？因彼与李鸿章对于前往冬宫谒余甚感困难，故也。穆姆君乃依照余意答之曰：此事万难办到。

余之为此也，系由于一种根本原则，即对待中国人切勿让步，切勿表露忙态，因中国人对于每种让步，皆视作虚弱之象征，而且余料定彼辈亲到余所晤谈之请求，不久必当自行递来，又外交团内部情形，现在尚未达到与庆亲王及李鸿章切实谈判之程度中，而庆、李二人亦未曾提出彼等确系议和使者之证书。因此之故，余之暂时拒绝接见，当不致迟误事机也。①

自余身居中国境内五个星期详细观察以来，乃深信俄军当时之撤退北京，与同时俄使之由京移津，以及彼等与李鸿章之往来密切，实发生极恶影响。由此所表出之列强意见纷歧之现象，又使华人胆子一壮，兴致复高。最近三星期以来，军事方面之进行胜利，及联军决在直隶过冬之明白表示，虽使华人得一深刻印象，但余尚不敢遽信华人方面业已充分屈服。②

余认（俄国公使）格尔斯先生所提停止敌视华人之建议，全系一种故意舞弄之纵横手段。余曾谓（德国）公使穆姆曰：余对于此项建议决难承认；倘若竟自议决，则余将毫不顾及，凡系余认为必要之一切敌视行动，皆将继续下去。余对于停止敌视行动一事，只限于下列条件方能认可，即中国军队全体撤出联军所占之区域，而且拳民运动亦已业经肃清。

关于中国皇室回京一事，就熟悉华人情形者之观察，皆以为若北京一日握在联军手中，则回銮之举，即一日不能实行。盖皇室对于中国人民方面，甚难为情，故也。而且专就禁城内皇宫，以及夏宫冬宫两处之破坏情形而论，余亦以为恐非皇室所能驻扎。此外回銮途中所需之期，至少须四个星期，换言之，必将达入严寒时节，亦当为现刻不能实行回銮理由之一。又据可靠消息：李鸿章曾令留驻此地之大臣前往西安府行在③，更足以证明尚无立即回銮之事也。

---

① 瓦德西10月29日之日记有云：余常在外交界之背后加劲，促其强硬，并使其严厉反对（俄国公使）格尔斯。但余极望自身万勿出头率入外交谈判之中。——译者注
② 瓦德西10月29日之日记有云：中国领域有如彼之大，一个省份之暂时占领，殊不足以使感痛苦。中国大多数民众对此并无一点感觉。或者甚至于始终未曾知有此事云云。其后瓦德西于1902年，复对此事有所记述。其意略谓中国一般人之意见，皆以为联军只向直隶开战，而山东及扬子江流域，则为一种中立地带云云。——译者注
③ 原文为济南府，当系印刷错误，兹改为西安府。——译者注

11月9日之日记

余之行动，颇为英、俄两国因互争直隶势力范围而生之极端龃龉情形所扼。该两国军队间之紧张程度，业已趋到彼此相见以兵之可能。我们对外政策系不欲与任何一国发生极端恶感，因此余亦当然不应祖护任何一方。当其我们在华北方面，正欲对于英国特别亲善一点之际，而英国与我们在长江方面，却正互相猜疑最甚。至于余之个人，则一方面既负指挥华北英、俄军队之责，而他方面却又负统率长江德国兵舰之命！余暂时尚不欲将余之平素诙谐性质骤为改变，余恐他人处此地位，或者早已愤懑不堪矣。其间最令余顾虑不已者，只有一事，即此种软弱情形，尽行表露于华人之前而已。①

---

① 当时有人曾告瓦德西曰：在保定府中所捕获曾经谋杀多数牧师之三位体面华人，业已判以死刑，但后来复将其赦免。——译者注

11月9日之报告

　　余与法国远征队之关系，日前报告中曾经述及。当余初到中国之时，彼此关系颇为友善，但在近来则日趋恶劣。（法国）华伦将军，表面对余虽不乏相当礼貌，但终有一些秘密举动，使余极感不乐，法国军队盖欲借此（秘密举动）以掩饰其一切行为，并设法表示该军地位全系独立自主。余深知华伦将军必受他人之影响无疑，盖彼之营中常有一种监视之人立于其侧，故也。

　　至于法国军队与德国军队之间，其情形极为友善。反之，法、英两国军队之间，无论军官及兵丁，却皆不甚相洽。至若英、俄两国军队之间，则其关系日趋恶劣。[①]余将尽力设法，以使德国军队脱离此种互相争吵之旋涡。余将利用礼貌，并加以相当顾虑注意，以使各国军队合作。

---

　　① 瓦德西10月11日之日记有云：俄、英两国军官之间，有时竟至势将互相开火之情形。而且英、俄、法三国军士尝各自对余互相诋谤他国军士为窃贼、为强盗、为放火者。但该三国军士却无不同声指摘意大利军队，谓其备具上述三种罪恶。——译者注

11月11日德皇威廉二世

自柏林亲笔书寄瓦德西之函

（1900年11月11日寄自新宫。）

我亲爱的伯爵：

因我们彼此相隔甚远之故，遂使我不能不从早作函寄君，以便我所致君之新年及圣诞庆贺，能及时到达君处。所有此次一切经过之情形，皆一一如余所料。在东洋方面，尤其是在中国，（彼等）时间极富（向不着急），所以（我们）亦必养成习惯，知道不能迅快进行。君之9月25日极为详切有趣之时局报告，昨日已到余手，余立于即晚，偕同（国务总理）比洛详细研究一番。其中所述一切，可谓善于描写，最能给人一种极为明了之景象。俄人一切行动，仍与初时相似，全系虚伪错误，正如余之已故叔父沃尔德玛·冯·荷尔斯泰因所谓 Jalgenholz[①]者是也。余对于此事，并不以为愁闷，因余早知如此，未有其他厚望于彼，故也。自满洲以及彼所最爱之铁路，一时攫入荷包以后，所有其他在华事件，彼对之皆不再感丝毫兴趣。现在彼（之所以犹且周旋其间者）只欲尽力设法使吾人之最后胜利，饱受无数阻碍而已。彼等虽曾为焚烧、抢劫、刺杀以及"创办博

---

① Jalgenholz一字，似与Galgenholz一字相同，盖柏林土语往往将G字母，易为J字母，故也。若果系Galgenholz一字，则当译为"绞首架之柱子"。——译者注

物馆"诸事（其意盖谓俄国抢劫中国宝物，而自建博物馆），然而彼等却欲装作中国之"友"，不恤以损害欧人为其代价。余对于君之处置大沽、山海关铁路一事，极为欣慰。①俄国之要求占有该路，实系一种不知羞之举，请君坚决将该路置诸（各国）公有之下。倘若俄人意欲全体退到满洲而去，亦并非不幸之事，因为从此我们尽是"一群少女"②。君将该路交与英人管理，而以各国公用为条件，实属公正合理之至。余对于我们重大榴弹之佳良效果，不胜欣喜。而我们的步炮队，更是勇气百倍，雄视一方。余尝从各种外国人报告及函件中，得知君之驾驭各国军士，何等超卓！更从联军各次战争中，得知君之鼓励将士勇气，何等巧妙！至于吾国军队与其他各国军队相处颇洽，最获余心。现在我们国内所有对外政策方针，亦复如此。尤其特别令余欢喜者，即我们军士能与法国军士如此相善。彼此共同作战，乃系一种最良之黏料。"血是一种特别果液"③，昔日靡菲斯特已曾言之。彼此互相认识，互相尊重，尤其是我们兵卒及将士之能力，务使他国知之尊之，以便他国熟晓吾国军制之优越，将所有对吾宣战之希望，从此衰灭下去。（武装的）和平保证，比较一切海牙会议为可靠！我们秋操之经过，极为佳善，地点既美，天气又好，并有一位法国委员在场参观。法国久已未派委员参观，此乃第一次也。一个颇与夏日相似之良好秋季，得以赔补我们今年所过之可恶夏季。因此，所有军队皆可长远开行以及露天夜操。而且禁卫骑兵师常于夜间，紧密连接，行经一百一十公里（约合中国二百二十里）之遥，并包括横渡奥得河一段！其在白昼，则两军团中之步兵师，连续前行四十到五十公里之远，亦并非罕见之事！今年天气久热，葡萄（酒）收成甚好，盖因十月天气之平均温度，犹在摄氏寒暑表十五度，故也。又其间余已将国事委与一位年少而又

---

① 11月9日，瓦德西曾电告德皇，谓：据俄国林内维奇将军向英国参谋长巴罗之正式报告，所有山海关、杨村间之铁路，将交与瓦德西接管。瓦德西并拟将该路管理转交英国。但附以条件，即该路应与各国同等利用之权。——译者注

② 原文是unter uns jungen Müdchen，乃系德国一种俗话。其意有正反两面：正面则谓只是一群天真烂漫、洁白无瑕之少女，当然不会为非作恶；反面则谓若是少女群居一处，则无论什么话、什么事，皆说得出来、做得出来。——译者注

③ 此语系出自德国大诗人歌德所作之《浮士德》剧中。——译者注

稳妥之人①。

　　我的可怜妈妈甚为痛苦，在四星期以前，颇使我们担忧。现在感谢上帝，伊已渐渐痊愈，唯疼痛之事，仍常常不免耳。余现在已将君之军队冬日用品，以及军官衣服，均已备定。并且除去旧有背囊，另换一种新囊，除去两大弹盒，另换一种小盒。请君特别注意饮水，以防疫病。所饮之水，必须常常蒸煮。余衷心希望上帝佑君护君，上帝将导君进行，一如前此之时。上帝实为君之困时顾问，上帝乃系最好之同盟，为君等在外所急需者。余甚望能因健全有用之和平，以及中国皇帝之回銮，得使我们远东商业获一繁盛发展的稳固基础。请君问候各位将领；并请对余勇敢军队宣布，余对于彼等所有成绩极为赞奖，极为感谢。上帝佑君。

君之常常忠实感谢的国王　威廉

---

① 系指当时新任国务总理比洛而言。——译者注

11月12日之日记

　　此间买卖当时抢劫所得各物之贸易，极为隆盛。各处商人，尤其是来自美国者，早已到此经营，获得巨利。其出售之物，以古铜、各代瓷器、玉石为最多。其次则为丝货、绣货、皮货、铜瓶、红漆物品之类。至于金银物品则不多见。最可叹者，许多贵重物件横遭毁坏，其中常有无价之木质雕刻在内。只有余之驻所，尚藏许多宝物，一切犹系无恙。倘若我们一旦撤出，则势将落于中国匪徒之手，最后当然加以焚毁。1860年之夏宫①，其情形正复如此。所有当时英、法军队之未曾携去毁损者，一自彼等撤出之后，旋被本地居民焚毁。

　　最侥幸者，德国军队当时未能参加公开抢劫之事。天津之战，我们只有三百海军参与其役，而舰长乌瑟多姆并将彼等聚在欧人租界之内，不准一兵前往天津（城内）。至于德国军士之到北京，则已在抢劫久过之后。余之所以谓德国军队未能参加抢劫为侥幸者，盖以司令长官若见周围各国兵士，已得各该军官允许，实行抢劫；或者各该军官自己，甚至于争先抢取其最好之物，试问将有何法处置？又若（德国）兵士之中，设有一二颇知避去长官耳目以满其抢物贪欲，试问又有何法阻止？倘若我们国内之人，很简单地相信，以为此间将替基督文化及习俗作一大大宣传，而

---

　　① 指圆明园。——译者注

事实上无非只能赢得一种重大失望而已。吾德自"三十年战争"以及法国路易十四之匪军（侵德）以后，如此毁坏之惨，尚未尝复见。余在此间诚然已将秩序略为恢复，公开抢劫之事已不再见；彼等并依照余命，设法以使和平居民见信。但余一人固不能处处照及，所以现在仍往往不免发生最堪叹惜之事。凡欲对此加以批评之人，余请其切勿忘去者，即此间英国军队，除极少数之例外，皆系印度人。换言之，皆系异教徒。而大宗日本兵队则更是全系异教之人。（英国）盖斯利将军于攻取保定之役，曾依照余命，将其军队驻扎城外露天帐篷之内。因彼深知，倘若驻在城内，则抢劫居民之事，便难加以阻止。

11月14日之报告

　　自庆亲王及李鸿章总督最近作函乞余赐见以后，余已允许，并约明日接见该两大臣。

　　此间关于侦探一事，极难着手组织。所有内地消息之探知，余多赖天主教牧师之助。而且此种帮助，系出自彼等情愿。唯其中极为老练聪明之主教樊国良，不幸已于数日以前，前往罗马，离开中国。临行之时，曾训令彼之代表（林懋德主教），务须尽力助余。因此上校约克伯爵进兵（张家口）之时，曾有许多牧师随营效力相助。余以为进兵张家口一事，极感需要。盖因北京占领以后，曾有大批中国军队退往张家口，现在尚驻长城以外①。换言之，尚在余所不能容忍之近侧。此外该地更有许多天主教牧师及中国基督教徒，处于迫急状态之下。余已命令上校约克伯爵相机便宜行事。倘若该伯爵既达张家口之后，则宜立刻仍将兵队复行撤退，盖久占张家口之心，余因其距离太远之故，实自始未尝有也。俄国方面以为占据张家口势将惹起蒙古居民陷于不安状态云云，余则仅视此种论调无非有意故甚其词而已。②

　　余将趁此季候情形尚未严寒之时，派遣各种小队开向各地巡逻。只

---

　　① 此项长城即曩日亲王海因里希殿下曾经游过者。——译者注
　　② 瓦德西11月17日之日记有云：李鸿章与（俄国公使）格尔斯氏来往甚密，李氏必曾要求格尔斯阻余进兵张家口，此实为意中之事显而易见者。——译者注

可惜现在天气业已开始不佳，有时竟到摄氏寒暑表零下七度。余甚希望此种现象，尚非真正从此冬日开始之意。盖大沽海湾起船之事，至今尚未完竣，故也。

因为设法妥为安置军队之故，尤其是建设可以生火之房屋，曾用全力以经营之。其中使人加倍不乐者，即自大部分俄军撤去直隶以后，所有留驻该地之军队，其势不能不重新调动一番。因此之故，前此已经设好之冬日军营，不得不加以抛弃，再行费力重新建置。①余曾向（俄国）皇子Engalitschew上校，对于俄国此种不负责任之行动，尽量吐露。余近来愈觉与俄人共事及接洽，真是十分困难。凡有所约，皆无确实履行之意。所有一切虚谎与遁辞，辄以必须先行询问圣彼得堡或旅顺为遮饰。倘遇难于答复之事，则以电报不通为词。凡此种种，余皆必须常常计及。

---

①瓦德西11月17日之日记有云：数日以前，俄国军队宣言，行将撤出直隶。而且随即任意离开彼所担任保护之一段铁路而去。后因严重电询（俄国）陆军大臣之故，彼辈（指俄军）乃不得不重新接管一切防地；已经放弃之该段铁路，又复再行占领。——译者注

11月19日之日记

　　今日余复在清朗日光之下骑马游行甚久。余之出游，几乎无一次不发现一点新鲜趣味之事。今日余复寻得一座大庙，距此并不甚远——在荷池（似系指北海）彼岸之上。该庙余曾指令猎兵中队作为冬日驻所之用。此间所谓"庙宇"，皆非一座单独建筑物，乃系许多建筑物集合而成，外边更以高墙围之。即系寻常小村之庙，至少亦有五座建筑物集合而成。至于庙门之外，常有一座屏风，当然系用石头建成，如欲入庙，必须迁绕而过。此项屏风乃系抵障魔鬼之用，盖魔鬼甚不喜行迂道，故也。魔鬼一物，在中国国民生活中颇有重大关系。通常魔鬼之来，系从北方，因此所有保障亦多设在北面。譬如北京北门进口之处，并非正面一直通入，必须由左或右两面绕道而进。同样理由，皇宫北面出口，特以煤山遮置于前——此项煤山系用人力堆成，体积甚大。

11月20日之日记

　　如何而能达到和平，以及何时始可达到和平，现在余尚丝毫不能预察。欧洲各国之利害关系，彼此完全不同。一种诚心合作，实为绝无之事。即或对于某项问题业已意见一致，然而彼此在实际上，却仍互不相信。因此，余之责任，殊不轻易。其中尤感困难者，即法、美两军，只在某种限度之内，属余指挥之下。此外更有一事，亦复发生困难不少，即八国军队，皆各自有其特殊之行军主张、纪律训练、军官地位等等。但余相信，直到今日，余对各事之应付，皆颇得法。不过所有一切处置，往往必须与余心中所欲为者，甚相悬殊耳。余与各国之间，每日皆有发生争执冲突之可能，但究竟于事何益？因此余遂设法避免。

11月20日之报告

　　余恭奏皇上陛下，本月15日余曾接见庆亲王及总督李鸿章。李氏首先到此，庆亲王则迟二十分钟始来。两人共在余处，计有一小时之久。

　　从谈话之中，余遂觉得，该两人均有急望和议开始之意。余曾谓彼等曰："和议之事，可望于短期之内实现。"但余个人却因此间外交界内部对于议和条件协商缓慢之故，究竟何时开议，固丝毫未有把握。余并要求该两位中国大臣，宜尽彼等力之所及，以谋和议，从早议决。盖迟延结果，不但对于中国地方有害，而且亦与中国信用有关。

　　余对彼两人，屡次明白宣言：联军决在直隶过冬之准备，现已十分妥帖；至于余之个人，在此尤觉异常安好，此间佳美天气，与余极为相适云云。因为李鸿章先生最近曾经大胆向着使团指责联军行动，谓中国居民深受其苦之故。余乃向李氏声辩曰：现在为害中国良民之真正暴徒，不仅是尚未肃清之拳民；据我所知，即李氏自己部下之散为小队驻在省内各地者，亦复如此。现刻已经屡次证明者，即往往全村居民，一见中国军队将到，便全体逃走；反之，许多村庄居民，对于联军之来，却极为热诚欢迎。余因要求李氏，设法速将彼之余部撤出直隶而去，因直隶为余占领区域，故也。如此，则余将停止一切敌视行动。至于占领区域之范围，余系以北方则自长城山海关以至于张家口西面之山西省边境；西方则自山西边境以至于娘子关；南方则自娘子关起，东向以至于海。

　　李鸿章请余赐给彼之差官一种通过护照，以便前往接洽现尚存留省境之军队。余乃答之曰：余固深知彼与其部下消息甚为灵通，但余亦可发给护照，不过必须先将该项差官所持之命令内容见告方可。彼或当（由此）了解，余对于中国官厅，必须其诚心依照余命而行者，方能容忍通融。

　　今日余曾前往答拜该两先生。在庆亲王处仅作一番无关紧要之交谈，但彼要求从速开始和平会议之意却曾表示出来。

　　余给李鸿章先生一图，其上余曾划有上述占领区域之范围。李氏颇嫌其过于宽广。余因答之曰：余不能再将其减小。李氏承认余在北京方面因惩罚多数盗贼之故，已将该城秩序完全恢复，可谓成就不少。李氏又求余准彼组织机关，以帮助（联军）军事机关维持秩序。余从李氏屡次提及进兵张家口一事之中，可以明白看出，此次进兵之举，颇使彼深为忧惧。且由此又足以证明余之进兵该地，可谓颇得其道。李氏亦复求余，应用全力，以使和平会议从速开始。又李氏自谓近来未接皇室方面新鲜消息。

　　余相信若无（俄国公使）格尔斯先生所继续酿成之种种拖延，则"和会预议"早已结束。

　　余毫无疑义，该两位中国使者，因其本国利益之故，甚以为应当从速议和，虽受重大牺牲（指和议条件而言）而不惜。但彼等却又甚虑反对党在皇室方面获得优势。

11月23日之日记

　　今日余曾到中国戏场之内。中国人极嗜戏剧。北京方面设有不少戏园，最富之人并往往筑有私家戏场。余曾被（中国）年老商人邀请多次。直到最后余将请帖领受之时，于是大演宴戏一次。余与随员人等备受优礼款待，并导入特设雅座之厢内。其中安置被有桌布之桌子一张，除了此地无时或缺之清茶以外，更有香槟酒、果子、糕点、雪茄烟等等，以享余等。最初开演两折毫无意义之短剧。所有女角，皆以男子代之，盖因女子素来极少在公众之前露面也。同时并杂有音乐于其间，足使石头化软，或者说得切实一点，以便使人头痛。所有观剧之人，坐在小桌之旁，大抽烟筒，饮茶吃果，亦复同样喧哗不已。中国人常常高呼"好"字，以代替（我们）Bravo①一字。终场更以王侯、厉鬼、战士等等跳打一阵，此种跳打技术，实为余生平尚未见过者。当余挨过一个半小时以后，复坐余车之中，于是不胜庆幸（得离苦海）。

---

① 即"妙哉"之意。——译者注

11月24日之日记

此间户部尚书（立山）曾被太后垂询，是否应该继续攻打使馆？该尚书乃力谏其不可，于是太后直唾彼面，端王复以足踢之，立命拖拉出去。迨至两小时以后，此不幸者业已斩去其首矣。当时寄在庙内之尸体，现在拟改葬城外家墓之内。该家属系与庆亲王有戚谊，并曾向余请求派遣卫兵护送出葬。奥伊伦堡伯爵愿任斯职，并由余给以司令部护卫骑兵随行。该项葬仪，系由早晨8点钟直至晚间黄昏之时。许多送葬之人，站在庙门之外，或抽烟筒，或相话语。继而主要孝子——系死者长子，被以白衣（白色为此地之丧色）——走出庙来，将身伏在跪垫之上，开始高声痛哭。所有其余孝子，亦复同声相和。痛哭叫唤一刻钟之后，该长子遂站立起来，抛一瓷盘于空中，旋即堕地破碎。现在丧殡队伍，乃动手出发。最前行者为死者生前所骑之马，被以极为华丽之鞍勒。随即继以巨大灵柩，并用重被及皮货覆盖，系由三十二位丧夫抬运。其后更跟着三十二位丧夫，以为换班抬运之用。最后则殿以无数送葬者之丧轿。在未出葬以前，已经用过一次清茶点心，对于卫兵更享以雪茄香烟。并焚烧许多纸张，其上——当然系因乱离时代之故——曾写明此项纸张之用意何在。譬如金钱数目，亦注在其上。在此十五公里长途之中间，曾停住早餐一次。每遇过桥之时，则燃烧一种纸物，抛在空中，以使魔鬼远去。既葬之后，又是烟茶详谈一次。李鸿章之秘书官某，系死者之戚属，今日特来余处，以丧家名义，向余敬谢十分友助之谊。当彼行入房之中时，遂在余前"磕头"。换言之，即是彼倒身于地，以额撞之，而且撞得有如此之猛，竟至眼镜直从鼻上落下。又此君乃系一位曾受教育之人，尝寓欧洲甚久，能说熟练英语。

11月24日之报告

敬祈皇上陛下，准余在通常的电报呈奏及书面报告以外，再为下列之恭谨议述。

余自接任东亚司令事宜以来，常将占领烟台之事放在眼中。当本年9月25日，余在该港海湾之时亦尝思及实行占领之计划。迨余熟察中国现状以后，乃得一结论，即攻取该港之事，实不困难，加之铁甲舰队之助，尤为容易。关于军事方面之难题，只是继续占据该港，以及防守陆地一面，两事而已。德国远征队所负之繁复责任，将因俄军不久撤退之举而益增，实无再行分兵占据烟台之余力——至少必需两个步兵大队、一个炮兵中队之众。尤可虑者，为直隶海畔结冰一事，将使登陆军队（指烟台方面）与远征队大本营之联络为之断绝，以至于三月之久。假若政治局面无其他变化，余当于重行驶船之时，换言之，至迟当在1910年3月1日，着手攻取烟台。盖因中国方面即或和约不久成立，而支付赔款之事，则只能十分逐渐缓慢实行。如此，则占据烟台一地，对于德国，实系一个最为适宜之质物。究竟其他列强实行类似手段至于何种程度，以及列强之间如何能够办到一致，余皆不能预断。因余囿居此间，对于政治局面不能一览无余，故也。

因政治方面每受军事行动影响之故——其实几乎常常如此，因为余与七国军队皆有关系——所以余常引为己任，凡与陛下政策有碍者，皆设法避免。余常尽力在英、俄两国利益绝对相反之间，譬如铁路问题互相激烈冲突一事，每每居中，不祖左右。并且常常声言，余对于铁路之所有权问题，决不加以断定，所注意者，只联军共同利益一点而已。

英、俄两国军官之间，其相仇有如此之甚，必须余竭全力以止双方决裂。英人与法人之间，亦不相和，英国军官颇不愿与法人交际。至于俄、法两国之友谊关系，其在中国方面，却未尝有所表现。法国第一次派遣来华之军队，全系殖民地军队，极无价值。当彼等开到北京之际，以及京中作战之时，均受一般人之轻视，尤以我国军队轻视法军形诸于色为最甚。同时法国公使毕盛先生又是一位公正廉直之人，对于俄国政策，尤其是（俄国公使）格尔斯先生之行动，却正不满意。以余个人经验所得而论，此间外交界盖无一人相信格尔斯先生者。余以特别周到及十分礼貌之故，现在又与（法国）华伦将军极相融洽。彼似乎曾作报告，寄与本国（政府），极为赞誉余待法国军队之态度。在天津、保定以及其他各处兵站地点，德、法两国军官之间交际来往极其自然。而且一般法国军官，将军当然不在其内，尝谓报仇思想已成过去残余之物。因为联军各国利益之不同，与夫行军、军法、纪律、军官位置，以及其他等等之相异，更加以余与法美两军关系之不密切，所以互相冲突之机会不少。但余以此种冲突，对于陛下利益，有何好处，因此余除保持地位必需之争执以外，皆设法避免。余现在可以言者，即此种避免，幸已办到。余与各联军司令，皆甚相洽。彼等关于普通礼貌及军事敬礼方面亦素不缺乏。余对于（俄国）林内维奇将军曾经两次严重干涉，对于（意国）加利安尼上校，曾勒令彼撤回已经发出之命令，但彼两人，均未尝因此介意。

即或世界各国对于总司令一职，不甚加以重视，然而陛下之提议设置总司令一职却对于全局促进不少，此固陛下可以确信无疑者也。余曾见及此间混乱状况，若无总司令之设置，只有愈趋纠纷之一途；而现在则此种混乱状况实际上业已消灭，变成一种可以令人堪受之现象。联军军事行动之统一，不但华人方面深觉不安，即俄人方面亦殊感不便。余曾令人细察格尔斯先生之行动，彼常与李鸿章不断的来往，并常代中国方面说话。彼更设法提议停止敌视华人行动。对于极有成效之保定府、张家口两处进兵事件，又复竭其全力以阻余。

俄国自占领满洲以来，十分心满意足，似将径与中国结一分割条约，或者现在此约业已结成。而法国方面，则依照余之观察，大概未具与此分割条约类似之野心。该国（指法国）似有其他特别计划多种，正在进行之中。该国常常特别表示热心天主教务，设法接近罗马教皇，以冀复得异教国及回教国中天主教徒之保护职责，当然为其上述特别计划之一。此外则扩充后印度（安南）之领土，当亦属于此项计划之中。

余之行抵大沽海湾，虽在9月26日①，而开始大规模进兵之举，则直至10月12日方才动手者，其原因专系德国军队未曾准备齐全之故。盖当时尚甚缺乏可用之马匹及运具，故也。余写至此处，不能不恭谢陛下，赐余此种极有趣味、最长见识之司令位置，以及由此重新表现之天恩信任。愿上帝赐余聪慧及力量，使余得尽职责，以令陛下满意。

（下列文字，系瓦德西作于1902年，题为"烟台"。因与上列"报告"有关，故附录于此。）

当余尚未启程赴华，逗留威廉斯港之时，余尝闻知皇上对于海军提督本德曼之行动，不甚满意。因皇上曾令彼相机占领烟台，而彼竟自未尝实行，故也。皇上对于此事常常表示极为不满之意，其根本思想，当然系在大大扩充我们山东（胶州）地盘，甚望能将该省大部分均置诸自己势力之下，以作"瓜分"中国我们应得之部。

至于余个人1900年9月25日之观察，则以为若利用铁甲舰队，不久可将该塞（指烟台之塞）攻下。即只用巡洋舰队，亦复可以成功。但攻取（烟台）一事，当初却尚不能谈到。盖彼时一般意见，均谓联军只与直隶开战，所有山东省、扬子江等处，皆系中立地带。因此之故，海军提督本德曼在余未到中国以及铁甲舰队尚未开至以前，其力虽亦足以占领烟台，但彼却能谨慎从事，未尝实行占领。因曾顾及军事与政治两面，故也。关于政治方面之原因，余在下面再述。至于在军事方面之原因，则系当时果将烟台攻下，其势必须驻军防守，而本德曼之兵力，对此却极嫌不足。

---

① 前面报告曾谓行抵大沽为9月25日，与此略有差异。——译者注

并且当时舰队尚有他种责任在前，如攻取山海关要塞、帮助远征队起船等事，更安有余力为此？

追余抵华以后，余对于调用德国军队解决直隶以外之事，更复不敢思及。至于德国军队武装之未曾准备齐全，尚在权且置诸不论之列。此外如果攻取烟台，其势必须增防胶州。而况该处德国（胶州）总督，固早已自觉其兵力之薄弱，尝请余之援助。（山东巡抚）袁世凯对待我们，颇具好意，同时并尽力剿除拳党。假若彼现在（因胶州之故）必须起而抵抗我们，则胶州势将濒于十分危殆之境。因为我们从此又惹起一场山东战争，以代替直隶战争，故也。

余既知皇上此种希望，所以处置此事，最为谨慎细心。余固雅不愿自取"怯懦小子"之令名，但余亦却不愿轻启一种战争——其结果为我们所不能预料者。因此之故，余遂决定对于此事，暂勿过问。而况远征队之准备未竣，正好给余以柄。并且余亦自思，待到德国远征队战斗力全备之时，冬日已将届临，关于海战一事，因大沽海湾为冰所封之故，无法进行。但皇上对于烟台却未尝一刻放怀，可于施里芬函中见之。盖该函之中关于攻取烟台一事，固未尝直接命余为之，但向余特别解说提及。余之报告中，对于此项问题，常极小心从事。因余深知，对于皇上，若故意拖延时刻，往往可以达到目的；若直接拒绝不为，则照例不能达到目的。当时施里芬对于皇上占领之意，未尝加以谏阻，以及外交部（或者明白说一点，当时国务总理）未曾加以有力的反对，余皆至今莫名其妙。盖因占领烟台所惹起之政治影响，无论如何，必非令人可以乐观者也。

第一步，英、日、美、法各国军舰，甚或意国军舰，均将立刻开到烟台遣兵登陆，略似上海方面情形，将使我们此后对于烟台之一切行动，皆一一受其阻碍。日本方面一定提出抗议，因该国在烟台之商务甚盛，不欲受损，故也。或者英、美两国亦将提出严重抗议，因英、美两国只欲战事限于直隶一隅，以免其他中国各地之英、美商业受其妨害，故也。俄国方面似乎劝励我们力向山东扩张势力，一如我们所愿；彼之真确希望，却在促使我们与英国、日本发生龃龉。法国方面当然对于凡与我们发生不利之事均甚暗喜，或者法国因俄国之怂恿——曾经故意劝励我们扩张势力于山东，以引我们与美、英、日三国发生冲突。于是我们竟负破坏列强勉力所成的共同行动之咎（或者可以说是，我个人独负其咎，因我未尝奉有一定命令而为之者也）。换言之，我应该违反我所引为己任之（对待华人，应该表示列强一致的）主要责任而为之。我若为此，实为华人所希望、所算定。倘若发生激烈冲突，则我们势将自取大辱而终。盖只需日本一国之力，已足以逼令我们退出亚洲，如其我们不自愿全军覆没、同归于尽。假定当时我们果真将山东大部分据为己有，试问所得效益何在？占领该省所需之兵额，即以全体远征队为之，仍嫌不足。更加以长期占领，所需经费甚多，颇难获得国会方面通过。而且我们仅因一点未定利益之故，而占领一种最易被人攻击毁损、最为战时敌人注目之地，无论如何，实系一种危险。最后还有一层，倘若中国秩序恢复以后，亟谋山东方面脱离我们羁绊，试问我们力量果足以对华宣战否？换言之，其结果亦无非自取其辱而已。

现在余因欲应付得宜之故，而且自信余能深知皇上之为人，于是乃用一种甚为特别之方法。自大沽海湾结冰以后，海路进兵之举，因而数月之内绝对不能实行。余乃上书皇帝，一俟冰解之时，余当立即占领烟台。余之为此（章奏），虽余之参谋长亦不知之。余在天津方面，调集两个步兵大队、一个炮兵中队，听候差遣。所需运输船只，亦复随时准备妥帖。倘若一旦下令进兵，无需长久预备。余因自思，现在皇上到此，必能对于此事加以静思，并与他人讨论。而且国务总理或有这一点聪明，对于此事之危机，加以认识。此外余亦深知，皇上并不欲用冒险方法以为之。余对于此次之事，幸未失望，盖在二月初间，余即奉到勿攻烟台另候朝旨之命。（余之参谋长）施瓦茨霍夫大为惊讶，当余向彼追述从前背彼所为之事，余实已达到余之希望，即皇上亦不能谓余为缺乏锋利之人，以作大本营中诸位先生津津乐道之材料。此次事件在历史方面，诚然可以颠倒叙述，一若余从前真有攻取烟台之心也者；而不知在实际上，余乃系力谋避免攻取烟台之人。余之达到目的，系以此事之责任归诸皇上。余相信余之此举，不仅对于德国，而且对于全世界，皆可算着一种劳绩。

11月25日之日记

（今日为）星期日及死者纪念日。余在城中第一步兵旅处参与祈祷之礼。其中大部分参与人士一直留到晚间圣餐之时。此间情势本来令人易发深省，但据余所见，可惜成效甚少。其最大原因，当然系此间行军方法，最易使人变成野蛮之性，丧失同情之心。对于所有权之观念，亦复不甚明晰。其在德军方面，我很希望将来总以少参加此种征伐异教民族之战争为佳。军中谴责与重罚之事常常有之。但在他方面，我们亦不应忘去，我们兵士所处环境之难。彼等日视其他各国军队公然出卖抢劫所得之物，以及无数华人对于本国同胞，尤其是无人留守之房屋加以抢劫，并出售其赃物。当其我们步兵大队出征保定、离去营舍之时，因该队营舍之面积甚大防守较疏之故，竟被华人所抢掠。

现在可以引为欣慰之现象者，即华人常赴北京请求保护，因各处拳民渐已化为盗贼队伍，故也。因此曾派小队前往围攻各该地方，其结局常将犯罪之人加以枪毙。由此而死之人，究有若干，实永远不能调查。至于华人方面，对于此种处决死刑之事，很少印象。此地人士盖已养成习惯，对于一条人命，不甚加以重视。中国行刑之时，大概多在城中很窄的地方，亦不举行何种仪式。常有许多本地居民前往观看行刑，而其他偶经其侧之人，更复泰然来往（不以为奇）。我们所最不能了解者，即素称怯懦之华人，而能如此安然就死，无动于怀。在此无数处死华人之中，余尚未听见一人曾经略为表现一点恐惧或动情之痕迹。

11月28日之报告

前此曾经简短电奏陛下之与俄协商移交杨村、山海关铁路及撤兵直隶两事，余现在可以再为续奏如下：（俄国）库罗帕特金将军曾经向余指定1月1日为"俄国式"之最后期限；但彼亦曾宣言，如余希望早日移交，彼亦愿意照办。（俄国）上校 Engalitschew 侯爵曾密告余曰：关于此事，在圣彼得堡方面，意见极为分歧，直至最后，库罗帕特金将军之主张乃得贯彻。彼之主张系从下列论点出发：即中国长城应作为俄国势力之南界，至于直隶则宜委诸其余列强。Engalitschew 侯爵更补言曰：依照彼（指该侯爵自己）之意见，俄国自占领满洲以后，业已十分满意，其余将悉听列国各自取偿所失云云。余相信上述意见当与事实相符。余亦相信（俄国公使）格尔斯先生与李鸿章之间，业已成立一种坚定条约。彼两人之亲密来往，不仅惹余个人特别注目，即法国公使毕盛亦尝向余言曰，彼（指法使本人）甚相信，所有外交团内部之协议情形，李鸿章盖无不立即闻知云云。[①] 在此种英国仇俄最甚之际，而且余又备见双方向余互讼日益激烈之情形，今欲避免严重冲突起见，先将该项铁路直接由余亲自接管，以后再行转交英国管理。

中国皇室预备言和之迹象，近来愈益昭著，正如今日余上陛下电奏

---

① 瓦德西曾有一文，记述11月30日与 Engalitschew 上校之谈话，其中有云：俄人日与李氏来往，余相信彼辈（指俄人而言）曾经暗助华人迁延和议之事，以使我们及英国受损。此间俄国代表格尔斯与乌赫托姆斯基，真是两个怪物。——译者注

之中所云。现在华人方面，业已确信，不但我们军队决定在此过冬，而且我们武力亦已远及京外各地。据现在业经证明者，当我们进兵张家口之时，曾有中国军队八千人至一万人，飞向山西境内奔逃。此事颇使华人方面得着深刻印象。更加以保定府之占领，法国军队前锋，一直驱至该城南面五十公里左右之远①，愈使印象益深。

至于占领皇陵之举，余实未曾参与。因余以为此种举动，恐有伤居民宗教情感之危，故也。但现在余乃察知此种顾虑完全错误。盖中国本朝陵墓，分为东西两处，所谓东陵者，约在北京西北一百公里之遥；所谓西陵者，系在北京西南一百公里遥远之冀州地方。历代皇灵，或葬东陵，或葬西陵，大抵轮流为之。所有陵地，皆在风景幽秀之处，场面极为辽阔，当作圣地看待。倘若皇陵一旦被侮，则该朝皇室势将无颜以见人民，威信从此丧失。自法国军队占领该处以来，诚然似乎不免发生一些法外行动，但对于陵墓却未损及。现在竟因此引起中国皇室之无限忧虑，盖深恐其陵墓之一旦被人毁损也。此外最使其特别恐惧者，即因此不能照常视墓祭墓，以敬先人——若欲了解此事，当然必须先知崇拜祖先习俗之意义方可。因此之故，此项占领之举，竟能逼使中国皇室方面，不得不偏向屈服一途，此实为此间熟悉中国情形之人所同声承认者也。

①约合中国一百里。——译者注

11月29日之日记

　　昨日得着一个甚可悲痛之结局。约克伯爵竟以忽中煤毒而亡。此种迅速逝世，颇使我们全体顿受深重刺激，我个人尤为特别感动；全军由此丧失一位良好多能之军官。

　　今日余带多数随从乘马而去，以访余到现在尚未游过之祖庙。三个大殿之中均无佛像，乃系专用以崇敬先人者。余等行入神圣屋子之中，此处当从来未为欧人足迹所辱；或者除了皇室人员以外，只有少数华人曾经到此。几个龌龊守庙之人，屈于威力，初甚惊愕，继而乃将门户开启。每个大殿之中，皆设有壁龛，以位全体亲属，其陈列次序系以尊卑为准。在壁龛之中，置有美丽匣子，以藏族谱家史。在壁龛之前，置有椅子，并配以刺绣甚美之丝质坐垫。当其致祭之时，则虔想已故祖先，似乎坐在椅上一样。因此间人士皆相信死者灵魂，故也。此种崇拜祖先祀典为一切华人所奉行，实有一种极美之思想为其基础，由此以使民族团结，并用以补充该国仅仅限于伦理学说之宗教思想。倘若吾人一旦理解此种崇拜祖先之俗尚，则对于许多中国事情，皆可从此领悟。譬如生儿众多之夫妇，常是一种幸福，因父母此后常受多人之崇敬，虽至死后，亦复如此。端王斩首一事，恐难办到，盖因斩首是一种不名誉之死，而该王之子又有继位天子之望，彼将因不能崇敬纪念其父之故，而丧失天子之资格矣。中国现刻皇上是一位极为可怜之人，毫无一点势力，因彼未有儿子，永无享受后裔崇敬之日，故也。

11月30日之日记

余欲增广智识起见，余特乘马往访总理衙门，换言之，即中国外交部是也。自俄军撤出北京以后，由德国卫兵守护，其实无非保护一座完全打毁之破烂房子而已。俄军前此曾将其痛抢一次。该衙门正与其他各大衙门情形相同，建在一条狭窄污秽横街之上，系由多数房子聚成。各房皆只有一层，而且往往互相交错成为角形，其外则绕以墙垣。余略一过眼，即已看够。当余复离此种残碎污秽之混乱地方以后，乃不胜庆幸（脱离地狱）。此处昔日曾经做过帝国外交部之衙门，若非居留北京四个星期以后，万不能令人了解者也。由使馆区域直至该处之大街，现名为克林德街，盖因卑怯之暗杀事件，系在此街所为故也。

12月4日之报告

　　当余到京未久，即已使余目光注及中国国有天文台。因法国使馆人员曾访余之参谋长，并请其代为禀余，允准该使馆将天文台之几种仪器运往法国。此项体积甚大、古铜所制之仪器（天球之直径为两米，以及四分仪、六分仪等等），系 17 世纪末叶康熙在位时代，由荷兰牧师南怀仁所制设。此项仪器立在东面城墙之上、露天之下，已有二百余年。在科学上固已无甚价值，而在美术上则具有极大价值。因承载此项仪器之伟壮龙架，其雕刻极为完美，故也。又法国方面谓该项仪器之一部分，系在法国制成，或者系由路易十四赠送中国。如果此说不虚，则亦只限于该项仪器中之某一种，其形式及制法显与其他各种不同者。对于法国使馆此种请求尚未回答以前，在11月初间，法国师长华伦将军，又复递来一函，要求允其运去此项天文台仪器。余对此事之定夺，系以下列数点为前提。第一，此种仪器确是中国国有之物。其次，此种仪器系存在德军所占市区之内，依照此间通行习惯，应作德军战时捕获品看待。最后，预料将来德军提出战事赔款数目之时，其势恐难全部得偿，因此该项仪器，至少可以当作赔款之一小部分代价看待。由上述种种原因之故，余遂以为如果运取此项仪器之举成为事实，则德军当首先有此权利。但余在他方面，又以为对于法国方面之希望，只要可以实行者，亦不妨让步承认。因此，余遂决定该项仪器，一部分归于德国，一部分归于法国。至于分配之事，系由余之参谋长与法国军官马尔尚中尉会商而行。对于法国方面，首将其中一件——或者来自法国毫无美术价值之仪器归之。但该中尉对于该件即自愿放弃不要，而在德国方面则亦早已允将该件留置北京，决不携去。此外天球仪器一件，系为德国方面保有。其余仪器八件之分配，则对于法国方面希望，多所迁就。①

此外尚有一件不甚重要之事，即昨晚美国将军查菲曾提出下列一种形式内容均不合适之抗议，此事现在似已了结：

Having heard that the astronomical instruments are being removed from the observatory, an officer of my staff went there yesterday and on his return confirms the report. I have the honour to inform your excellency that my government would vehemently denounce any officer of its service who might enter upon spoliation of this sort, and it will sincerly regret to learn that any nation with which it cooperated to relieve the besieged legations in Peking authorizes or permits its troops to injure or remove any instruments or other part of the observatory. As commander of one of the four cooperating columns which relieved the legations on August 14th, I make to you respectful protest in this matter and shall inform my government of the fact.

（曾闻各项天文仪器正将从天文台中取去，余之参谋处军官一人昨日曾往该处，归后乃将此项消息证实。余今忝叨荣幸得以奉告阁下者，即敝国政府对于本国军官中，如有意图实行此类抢劫之事者，皆将加以严劾。又敝国政府更将惋惜不忍闻者，昔尝共事救助北京被困公使之某一国，今乃明认或默许部下军队，损害或取去天文台中之某项仪器或其他部分。余以参加8月14日营救使馆四队司令之一的资格，兹特对此事件，向君敬谨抗议，并将此事，禀达敝国政府。）

----

① 瓦德西12月7日之日记有云：所有我们亲爱联军朋友们，业将一切抢来之美术财宝物品，送回（本国）家中而去，其中许多物品乃系属于私人产业。——译者注

余立刻将此公函，并附以下列回信璧还：

余忝叨荣幸，得以恭谨奉告阁下者，即今日来函所述天文台仪器一事，无论其外形与内容，皆使余不胜惊异。余对于此类宣言，殊不敢接受，因此谨将原函送还阁下。不胜恭敬之至。

余在此处，更有一事不能忘奏者，即昨日午后吾德公使亦复来函述及，中国将军荫昌因受庆亲王之命，特来请求设法撤销此项搬走仪器之议。

12月8日之日记[①]

前答查菲一信之效果如何，余殊悬念不置。直至昨日，彼始寄来一函，对于此次误解，表示惋惜之意。并询余是否准彼今日11点钟来谒，以便当面表示惋惜。余乃立刻答之曰：余对于此次事件，盖已认为完全了结，无复介怀。并请彼于11点钟之时，不要劳驾，请改在1点钟之时，前来余处早餐云云。彼于是立即赞成。其后彼在余处坐谈两小时。吾二人分手之时，有如好友一般，余对此当然十分欣慰。究竟此次事件是否将引起政治上之影响，余尚不能预察。余所知者，美国人于外交方面之来往，每有粗率无礼之行动。最近数年以来，如萨摩亚与马尼拉两次事件，我们亦常身受其经验。一直到今日，余总算是胜利者。究竟柏林方面是否较余此处更要恐惧美国一点，不久当可证明。余并承认查菲此次了结此事之行动，全系一种"君子人也"之态度。

---

① 此日日记因与上段报告内容有关，故原书提前附印于此。——译者注

12月5日之日记

　　李鸿章命人告余，彼对于和议条件，业已略为研究。倘若将来该项条件正式咨送彼处，彼希望和议于四星期之内可以告成。余因两月以来常与华人来往之经验，对此颇为怀疑，盖实际上每与所说完全相异。而且现在一般人之推测或者不错，彼等谓中国尚无丝毫诚意议和，现在只是故意拖延我们，以待除了俄国之外，其他各国亦复渐渐脱离共同行动，譬如美国以及日本。即有此种趋势者也。

12月6日之日记

　　余往访（法国）华伦将军之后，又往访（英国）阿尔弗雷德·盖斯利爵士将军，以及彼之参谋长巴罗将军，彼等驻在一个未经破坏之衙门内，安排布置甚善。阿尔弗雷德·盖斯利爵士是一位极为和悦之人，其余大部分英国军官，曾与吾辈往还者，亦莫不温和可爱。与吾辈往还之英国人，大半皆曾服务于印度。吾辈与彼等交际较为亲密，实已毫无疑义，但此乃当然之事，无足异者。

12月7日之日记

余闻俄、美两国报纸，曾经将余攻击，谓余对待华人未免过于强硬，因此致使和议迟延云云。此种言论无非表示彼等心中恶意，以及昧于情势两者而已。假如当初余未到此，则今日北京三英里之外，恐尚不免敌人军队围成半圆之形，而中国人方大笑吾辈不已。只因特别强硬、毫无顾忌以对待彼等之故，乃得使其就范。①

关于要求中国赔偿之数目，系由列国先行提出一种各自要求之额。但由此积成之总额，却非常巨大。据所谓"中国通"者流之推测，中国方面实无能力支付此项巨款云云。现金支付之举，当然万无其事，实际上只能从抵押关税及赋税两种着手。但此处却有一个问题，即假如中国不支付，又将如何？其答案则为：列强宜各自设法取偿所失，分占中国一地云云。此种答案未免过于容易。盖俄国方面固愿为此，因彼既将满洲明白据为己有，而同时又深知一旦实行瓜分，列强之间必将立即发生不可解决之利益相反问题。在我们方面，唯一之道当然是占领烟台以及一部分山东，但余殊不敢料日本方面对此竟能安然坐视。假如英国方面虽有威海卫之关系，而对于吾人行动，仍不加以干涉者，亦无非希望我们在扬子江流域全让英国自由行动以为交换条件耳。但此事我们却不愿为。因为我们在扬子

---

① 瓦德西12月5日之日记亦云：余只寻得法国方面之赞助，彼等（指法国人）常照余意旨，对待华人，特别强硬。——译者注

江流域具有重大商业，而且我们彼处商业之繁盛业已远超英国之上。①法国方面，则欲从（安南）东京方面以扩张其势力，但在该处又将与英国互相冲突。日本方面意在占领厦门，但其余列强，又复不愿坐视日本为此。美国方面似乎希望大家皆不要占领中国。在此情形之下，究竟有谁能解此种纠纷？关于山东之价值，论者意见极为纷纭，有谓山东为膏腴之地，并富有易于开采之矿物云云；而反对方面则又谓此种论调一部分全系谎语，一部分则言过其实云云。余之意见，则以为无论山东贫富与否，我们可以置诸不论，宜以青岛、胶州为满足（不必再行妄求）。我们于此得着一个煤炭站口与优良军港，皆为我们所最希望者。只图占领土地，将使我们发生无数困难，财政为之破产。倘将来中国恢复元气之后，我们实无能力独向中国开战。

---

① 但此语瓦德西后来曾自行更正，认为当时观察错误。——译者注

12月7日之报告

　　余相信联军大队人马发现于山之彼方，直入外国军队足迹至今尚未到过之地，更加以各种惩罚之举，颇使居民得着深永印象。此外联军在直隶西北部分，亦已将中国官军逐尽。因此之故，余认为进兵张家口一事，实有极大效果。只是支队第一军事长官伯爵约克上校之死，致使此次效果，留一可痛之黑痕。

　　现在严冬已临，预计将有若干星期之久始能过去。又因直隶方面似乎已将中国军队逐尽，以及拳党纷扰之事亦已逐渐减少，所以余在最近期间，当不再为大规模之作战。但余欲保持军队常常活动之力，以及欲向中国居民继续表示驻有外军在此起见，将随时派遣小批军队出发。现在联军行动至是既已告一小小段落，则余对于德国远征队之情形，实不应遗漏不报。兹特恭奏如下：

　　所有全军盖无不兼程并进，曾历许多新而且难之境遇；而驻宿及气候之诸多不便情形，尚未计算在内。彼辈处此，颇能胜任裕如。从最老军官以至最幼兵卒，皆只有一个希望，一直贯彻精神焕发之全部军队即速赴前敌作战以尽其职而已。关于军纪一事，直可称为至佳。但其中余有认为不能避免者，即我们在此一部分暴动纷扰之国中行军，更加以联军各国兵卒所示与吾国兵卒之恶劣模范，于是竟将我们素来对于人道以及所有权之观念，不免引入艰难试验之中。余决定严厉整顿军纪，以保德国军队令名，甚望陛下对此放心。

12月9日之笔记①

　　和议之事，至今犹未动手，真是令人不可思议。此间外交界已商议
了许多礼拜，常需征询本国方面之意见，听来听去，永远都是这句老话：
不久当可开始。其后忽有一国发生一点疑虑，或者某国之回答犹未接到。
譬如英国方面近来即是如此。究竟为何如此？此地殊不明了。但其间却有
一些迹象可以察出者，即我们与英国之间，必有一种龃龉发生。据余推
测，其原因当与前此数次情形相同，即柏林方面未能适当进行，只是盲目
摸来摸去。

　　因我们曾与俄国龃龉之故，大家遂以为我们可与英国协调，其实乃
是万无之事。彼此互相怀疑之心，未当一刻稍衰，其主要关系当然是在扬
子江流域②。英国以扬子江为彼之势力范围，并欲在该处坚筑基础。在我
们方面，当然是很希望其他列强均不承认英国有此特权。扬子江为中国中
部最要之水道，对于所有列强，皆应门户开放。此种互相怀疑之心，使余
尤为明白感觉者，即一方面我们时常注意侦察英国战舰与军队在该处之一
切行动；而他方面英国每在上海看见我们船只太多，则又往往深滋不悦。
至于我们与英国之间或可维持永久友谊一事，余固始终未尝信及，现在更

────────

①此文不属于"日记"之中，系瓦德西另外特别记述者。——译者注
②原书之上发行者曾加有小注，谓瓦德西当时对于10月16日所结之"扬子江条约"，似尚
无所知。——译者注

使余之此项意见愈益加坚。余宁肯偏向与俄亲善一途。在德、俄两国元首个人之间，尽管有所隔阂，而我们之政策，却不妨与俄国政策相辅而行。反之，我们与英国之间，因我们所抱世界政策之故，彼此时常发生冲突机会。说得切实一点，我们与英国乃系一对天然之仇敌，而且势将永远如此下去。其实世界之大，本足供给我们两国各自发展，互不相碍，无奈英国之贪欲，却时常超过令人可以容许之界限。

皇上对于此次中国事件之经过情形，势将十分不悦。赎罪之举至今尚未履行，重要祸魁至今未处死刑。其他列强，至少有一大部分，皆主张提出赔款，不要过多。但是皇上之意，却不仅在赔偿战费一事，而欲除此之外，还须另得一笔大宗款项。就余观察而论，若欲从外交界方面以达此愿，似乎万无其事。

其间最令人悲叹者，即各国与华人周旋，何等温柔软弱。各国对于所有残忍屠杀教徒、牧师，直至最近犹复发现于山、陕境内之事，所有打毁各处教堂及牧师宅所之事，所有侮辱坟墓之事，所有自古未闻围攻使馆两月之事，均已似乎忘去。倘若皇上对此深为苦恼，余实不能加以非难。

俄国对外政策，就大体上而论，本有固定轨道以赴一定目的，唯在中国方面，则其政策殊动摇不定。其原因当系由于（俄国两位大臣）威特及库罗帕特金意见分歧之故。最初，俄国方面声称，天津、山海关间之铁路，无论如何必须占领云云。因而俄、英两国之严重冲突，其势不能避免。而现在俄国方面，又忽然将此问题打消，并明白宣言，彼对于直隶方面，兴趣殊少云云。俄国之所希望者，系邻接一个衰弱中国，尝受俄国势力支配。因此，俄国亦复甚望中国皇室速返北京，以立于满洲主人（系指俄国而言）势力之下。但以如此地广人众之中国，又安能容忍仅距京都一百五十公里之遥，即与强敌境界相接？于是俄国之政策所能达到者，只使华人取消北京之首都资格，另建国都于中国内地，以便中国政府避免俄国势力之压迫。其结果俄国将从此获得一个——假如中国能够恢复元气，一如余所相信者——很可注意之敌人。

12月10日之笔记

　　假如余在昨日曾经发生一种感觉，似乎我们与英国方面，近来不甚相洽，则现在此项感觉，更是愈趋强显。穆姆先生[①]，亦正与余之观察相同。余初以为仅是（英国）将军方面发生一种变调而已，现在乃知穆姆与其同事萨道义[②]亦正复如此。此外今日余更从（俄国上校）Engalitschew方面闻知，现在（英国）海军提督西摩正与南京、武昌督抚会商，并以金钱接济该两督抚。该两督抚对于英国方面，当然从此特别亲近，而与我们则将愈为疏远。

---

　　① 此人系德国驻京公使。——译者注
　　② 此人系驻京英使。——译者注

12月12日之报告

　　余曾在11月21日之报告中恭奏陛下，余将努力组织一种"统一的中央机关"于北京，以使该城之行政管理较为划一有序。盖该城各区为各国军队所分驻，至今犹系各该军队司令依照自己原则分别独立管理，故也。现在余已获得（美国）将军查菲同意；而（法国）将军华伦则至今对此犹复不愿放弃其独立资格。因此，自本月10日起，除开法国区域之外，对于北京全城，特组成一种"管理北京委员会"。其职责系包含一切公安秩序、军队营养、居民粮食、卫生事项、财政税务等等问题。其组织系由各国军队司令所派之委员集合而成，而以余之参谋员陆军少将盖尔男爵为其主席。余意法国区域之除外，虽使此项新组机关不免发生困难与减少效果，但余却相信其余都中各区之安宁秩序，不久当可得着显然成绩。①

――――――――――

　　① 瓦德西12月11日之日记有云：各国军队司令之为人，皆颇通达；倘使彼辈不受政治方面之影响，则彼此甚为容易接洽。――译者注

12月12日之日记

　　（德使）穆姆告余，和议开始之期限现尚不能预察。该使之意，以为英国故意拖延，以使俄国生怒。大凡每次协议之中，（俄使）格尔斯与（英使）萨道义两人之意见，总是十分互相背驰。至于余之观察，则以为此中实缺之一位具有魄力之人以为指导。因此我们殊不必引以为奇，假如华人对其仇敌不胜取笑作乐之至。

12月17日之日记

　　李鸿章现在称病。假如此事果确，则余将不胜愁闷，因和议之事，又将由此展期，故也。但余却疑彼系故意假病，盖余近来颇疑彼实有心欺弄我们，彼只是做出那种非常恭敬而且友谊的样子而已。

　　李氏称病之消息，余系得自（俄国上校）Engalitschew。今日该上校复向余将英国人之罪恶长篇讲演一次，彼谓英国常暗中与李鸿章交涉云云。换言之，彼所言者，正与其他各国诽谤俄人之语相同。此外著名大斯拉夫主义者俄国侯爵乌赫托姆斯基（据说系俄皇之友），到此已有若干时日。彼虽寓居使馆之内，但举动却极谨慎。此间外交界对彼颇有诡异莫测之感。

12月18日之日记

只因英国方面过于精细缓慢之故，每每解释一字，不惜虚耗时日，以致直到今日，犹不能与华人开始议和。美国驻京公使康格，为人甚属明达，彼来谒余，并对于现在此种缓慢进行，极为不满。彼相信现在可与中国从速议结和约，以便气候一旦宜于退兵之时，立即撤出北京，于是北京方面又得成立一个正式政府。

今日余接得一种通知，使余颇为惊讶。云有一位荷兰少校来做余之军事随员，听候差遣。此真令余深费思索，究竟彼应担任何种职务。

昨夜所到之邮信，共有三批。因此余在一时之间，忽然接得四十封信、二十一张风景明信片，以及各项到期报纸。各种邮片现尚不断由德国各地寄来，其中含意均甚好，只可惜大部分皆望余作答。余从报上得知，余于10月中旬，曾在北京病痢。此项消息系由一位英国访员恶意为之，因彼曾到天津余寓，被逐而去。此类人惯酿不幸之事，其结果使余亲属大担其忧，不免电报往还，并使余不得不感谢德国方面关心人士，寄余治痢药品或告余治痢方法。

余每晨常于7点即起，夜间则决不迟过11点上床。因余每日须听余之参谋长报告两次，须写许多回信。此外骑马乘车游行及早晚两次用餐，均需若干时间，所以诵读工夫不多。幸而余尚得免各项报纸来扰。关于新闻方面，余读韦德金德通信，实已十分满足。

12月19日之日记

　　北京城在各种旅行笔记中，常被认为世界上第一污秽之城市，可谓一点不错。所幸者，余居宏壮冬宫之中，并有游行宽道围绕荷池，得免污秽之苦。只有余到本城街上，然后始觉污秽之说并非虚语。但余前往街上之事却不常有。北京街上之污浊真是令人可怕，城中并无公家清道夫之设，所有一切残物皆随意抛在街头，以听犬鸟前来为之扫除。因此城中常有大批全野或半野之野狗饱尝人肉，因为围攻时代所积之死尸，约有14日以上之久未曾搬运掩埋，故也。野狗之外，助以乌鸦，每于傍晚之时，但见万鸦群集，飞坠禁城屋顶；此外尚有许多喜鹊与猛禽，此项猛禽因其有益之故，所以不加射杀。因此，华人所爱之鸽子身上，皆系有小铃（报警），鸽子群飞则奏出一种非常新奇之音乐。此间猫不甚多。高贵人家则以饲养小犬为风尚，尤以特别娇小、可于妇女袖中藏之者为最上。又此地大马不多，只有一类小马，但很适用，很肥阔。至于拖载之事，则多利用骡子、驴子为之。此外，两高峰耸之骆驼用作运输畜牲，尤为常见之事，每日皆可在途遇见大批结队而行。更有一种东洋车，系由一个苦力拖拉，以为运输之具，每行一小时，其车价大约三十到四十芬尼①（约合华币一角半到二角）。

——————

　　① 芬尼（pfennig），德国货币单位，1马克=100芬尼。——编者注

12月21日之日记

　　余对于外交团意见已归一致之乐观，未免太早。因余顷闻美国公使于昨日犹提出一种异议，故也。从前各国业已共同议定，所提各项和约条件，均系"不能加以更改"。而美国方面，乃于最后一小时之时，复觉得此语未免过于强硬。现在又将为此琐事，以使时光虚度。

12月22日之报告

皇上陛下，承赐临时帅笏，实使余不胜幸福之至。此项帅笏已于今日到此，余对此美丽颁赏，唯有敬将感谢之忱，置诸皇上足前而已。并望余能勉尽厥职，以使陛下满意。

此间之所以未曾发生巨大战事者，一方面系由华人有意避免战争；而他方面则由联军各国，除意、奥两国外，皆不愿再有其他攻取行为。当前此进兵保定之时，（英国）将军阿尔弗雷德·盖斯利爵士曾在天津向余表示自愿参加之意，但此举业已不能取得英国公使之同意。此外该公使对于进兵张家口一事，亦复不赞成。其结果阿尔弗雷德·盖斯利爵士将军乃向余言，倘余再有其他进兵计划，彼将不复获得（英使）准其参加之允许矣。

至于法国军队，则自始即受有本国政府之命令，对于中国军队务宜随时设法避免冲突。因谨守此项命令之故，竟致法国军队与中国军队同居天津、保定路线之旁，却彼此相安无事。（法国）将军华伦虽然否认此事，但事实具在，不可掩也。俄国军队则在余初抵直隶之时，即已开始撤退，所有沿向山海关铁路一带之各次小战，仅系一种防御性质而已。盖政治方面自始即替行军方面预设无限阻碍。

因此之故，余之军事行动，只能一方面限于肃清大部分直隶境内之中国军队，彼等亦复时常迅速撤退（不加抵抗）；他方面则限于安辑占领区域内部而已。对于未曾发生剧烈战事一层，所有德国远征队中，从将军以至于兵卒，实比任何人均要懊丧一些。倘一旦队中某部适与华人交锋，则无论其为属于官军或拳党，无不严厉对待，此诚足使斯地永久不忘者。因此而死之华人，其数极为不少。所有全体德军皆为一种朝气所弥漫。余对于陛下之东亚远征队实不能不称为具有超等能力、善于应付一切之军队。

12月23日之日记

　　昨日深晚时候，余自城里复归宫中。如此明星满天之美，实为余生平未曾见过。当余穿过皇宫寂寞深院以达荷池岸边之时，忽闻音乐之声。第一东亚步兵联队之乐队，正在瀛台之上（是即从前光绪皇帝幽囚之地）演奏"O du selige，O du fröhliche"一曲①。余生平听此古曲，次数何等之多，相爱何等之深。今日在此异教大城之中，其声音一直响彻无数佛庙，实使余得着一种最为深刻之印象。余乃静立不动，以致最后一音已经息响之时。

　　（德使）穆姆先生今日以和议条件见示。该条件明日即将交与中国议和大臣。余觉该条件十分不备，重要问题如赔款总额之类，均未加以确定。如斯作品，竟需两月工夫之久，此真足以充分表现（联军各国）之一种散漫分裂情形也。大凡同盟联合，均带几分弱点。盖三人团结，已属困难，今乃更欲十人同在一帽之下（安能办到）。华人方面固知之甚确，倘若彼等（指华人而言）即或坚持不让，而联军亦复不能超出直隶以外大用其兵。在事实上，联军各国——余想德国亦包含在内——亦真已领教够了，只愿快快结局，愈早愈妙。

---

　　①此系德国耶稣圣诞之歌。——译者注

12月26日之日记

　　余对于教会问题之研究曾经不遗余力。据余所信，时人每将中国排外运动归咎于教会方面，实属完全错误。

　　中国排外运动之所以发生，乃系由于华人渐渐自觉，外来新文化实与中国国情不适之故。铁路建筑，将使全体职工阶级，谋生之道减少——我们于此，最易联想到昔时欧洲方面亦曾流行之相类思想。更加以筑路之时，漠视坟墓，以致有伤居民信仰情感。[①]此外了解铁路有益于国之明白人士为数甚少，因而建筑铁路，尤易引起不良反动。近年以来，瓜分中国之事，为世界各国报纸最喜讨论之题目，复使中国上流阶级之自尊情感深受刺激。最后更以欧洲商人时常力谋损害华人以图自利，此种阅历又安能使华人永抱乐观。至于一二牧师，做事毫无忌惮，以及许多牧师，为人不知自爱，此固吾人不必加以否认疑惑者。余以后尚将再为提及此事。

　　此次中国仇外运动之所以对付牧师最为激烈者，实以牧师在一切外侨中，最易被人捉获。所有牧师大都结为小群，散居中国全部。换言之，实系毫无防御之力。反之，欧洲商人则只在少数通商口岸，如广东、上海、天津、烟台、牛庄之类，群居租界之中，常在列强保护之下；而且租界居民自身，亦皆常有自卫之设备。至于中国内地方面，只有少数欧洲商

――――――――――

　　① 在中国方面，巨大坟园一如我们公共墓地者，极为罕见。乃系无数单坟，散在田野。因修筑铁路地基之故，未曾常常加以重视。——原注

人，彼辈虽亦设有支店，但多为华人所忽视。即在北京城中，欧洲商人亦无居住之权。

对于教会方面，我们必须将天主旧教与耶稣新教分别而论。天主旧教在华之年代，远较耶稣新教为久，且有严密之组织，而以大多数最称灵敏之主教统率之。彼辈皆深晓联络官厅之道，至于华人方面本已早经养成敬畏官厅之习。倘若一位主教深知取得官阶之道，则其所给印象，当然迥与一位贫穷孤立之新教牧师不同。此外天主教会复恃金钱及组织之力，建设病院、孤儿院、育婴堂之类，更能特别表示其伟大力量。因为天主教徒在此工作，业已二百五十年，所以彼辈已具有数代信教之中国教徒以及中国牧师。有时全村之中，俱为天主教徒所居，更使天主教会之基得以坚固。

至于耶稣新教牧师，则必须从国籍上加以分别讨论。德国牧师殊不占重要位置，除了胶州及其附近略有若干德国牧师外，其余仅在广东省内，而且大部分皆在广州附近从事活动而已。此外更有巴塞尔（瑞士城名）教会，亦在该处活动。无论德国及巴塞尔牧师，皆曾经过一番精择；对于彼等职务，亦皆经过良好训练。因而彼等到处，皆常受人尊敬。彼等虽亦曾经遇着危难，但远不如其他各地之甚。关于英、美教会事业，余实不能详细批评。但余却深信，彼等因互不相容之故，常作相反行动，每于事实有损。盖我们对于中国人，实不能责以辨别究竟谁个牧师所传系属真理学说。复次，美国方面，常有一种巨大错误——是否一切教会皆系如此，余实未能深知——即所委任之牧师，往往其人德行方面既不相称，职务方面亦未经训练。此辈常以服务教会为纯粹面包问题，凡认为可以赚钱之业务，无不兼营并进。此所以牧师地位因而为之降低，并使教会仇敌得以从事鼓动。余个人即曾亲眼见过此类牧师，彼等常以商人资格前来战时医院及军队营舍之中售卖物件。此外余更熟知许多牧师兼做他项营业（譬如买卖土地投机事业），实与所任职务全不相称。但此只系一种例外。至于大多数牧师，却皆系令人尊敬、富于勇气、志愿牺牲之人，此实应该加以赞许褒奖者。彼辈之所以被人搜捕者，其原因由于牧师关系者实少，由于外人关系者实多也。中国人对于宗教一事，通常极能相容。前此对待基督教徒，固未尝使其稍感不安，亦正与对待国中到处皆有之其他教徒情形相同也。其后基督教徒之所以被人搜捕追逐，乃系从仇外运动中所演化出来。现在许多牧师业已归来从事工作，余甚希望彼等继续工作，怀抱勇气，一如既往。盖必如此然后牺牲者之血液，始不枉自流去也。

12月27日之日记

　　现在最普通之印象，即北京市况于最近数星期以来，又复日趋繁盛。因重兵驻扎斯地之故，金融流通市面，极为活泼。大多数商店，业已重新开门。因为大家已经相信所有各物不会再被他人抢去，一切均将照价付给。我们更复尽力设法以使华人渐为了解清洁之义。所有街上秽物，均须搬出城外。街灯之设，亦已实行。此外每个华人，若于8点以后出外，必须携带灯笼一个。所有烟馆赌场，一律禁止。对于贫民，则特设汤厨二十处，并为彼等设置暖房若干，一如"柏林暖厅"办法。现在此间乞丐数目，比较前此太平时候减少。其原因系由于彼等所得劳金甚为丰厚，盖多数苦力，常从军队方面获得工作机会，故也。

12月28日之报告

北京城里，因与中国官厅协力维持秩序之故，甚为安静。而且居民信任之心，亦复与日俱增。在明达华人方面，甚至于屡屡表示，深以联军离去为忧。盖彼等（指明达华人而言）相信在此撤退时期之内，势将为本地盗匪所利用，大加抢劫，陷于混乱。

现在此间发生一些困难，即中国教徒此时自觉处于安全地位，于是开始求偿前此夏间所受之非法损害，并做种种报复之举，对于其他华人往往施以暴力。而受此暴力压迫者，又复力向联军方面呼救。在教徒方面，前此曾经饱受他人之虐害、劫掠、屠杀，不免仇愤满腔，虽亦尽管自有其理由，但彼辈若向他人横施暴行，则亦碍难容忍。盖恐由此又将再酿他日被人排斥之危也。现在许多前此逃亡之牧师，又已归来，从事旧日工作。在保定府方面，天主教徒不少。余曾闻知，所有天主教士及牧师，甚或其人身居德军占领区域之内，而遇事亦皆喜向保定法国军官呈诉；有时甚至于控告德国兵士之事，亦复呈请法国军官办理。因此，余乃下令规定，凡有此类控告案件，必须由原告直接呈诉（德国）陆军少将克特勒，方能受理。又余相信，法国在此，意欲表示该国为异教国中及回教国中基督教徒之保护人。因此，余更向（法国）将军华伦提出下列要求，即所有居住德军占领区内之中国天主教徒，皆由德军自行保护照料。

12月30日之日记

　　和议之事，现在毕竟开始进行。庆亲王及李鸿章业已发出宣言，谓中国皇帝对于提出之条件，在原则上，已经表示同意云云。余就全体问题观察，以为——因余深知现在各国皆亟欲早日议结和约——北京撤兵之事，不久当可协商一致。

　　当余对于和议前途稍为静思之时，立刻想到俄国方面——彼现在正将移交铁路与余，但数日以来，故意迟延，不将合同交余签字——现在必将设法仍将铁路保有。俄国深知，余已决将该路转交英国管理，此实俄国方面所最为不悦者。余曾与英国委员经过辛苦协商，已将一切议结，今若不能成为事实，则英国方面势非大为喧嚷不止，而且理由极为充足。俄国于此又复大显其欺诈手段一次。余之目标，固不在促进英、俄两国之和好，盖该两国永远根本相仇，实与我们有益，故也。但余必须设法妥为对付，以免其中一国有所借口，谓余曾经祖护其他一国。至于余与其余各国，皆甚和好相洽。余处置一切，当然不能听任余性为之，凡事均须先思而后行。但余相信，余之地位尊严，绝不因此小心顾虑而有损。倘余对于此间一切争执之事未能妥为办理，则其结果，只足以有损吾皇政策，此固无论如何必须加以避免者。余在今日固犹系一个老兵本色，现在偶做外交客串之举，此实半年以前，余所未能想到者也。

1901年

1月1日^①之日记

　　余以健康之躯，开始度此新年，瞻望前途，无限希望。余所处地位，极为特别，究竟一切行事是否适当，必须将来始能看出。余将沿照迄今所行之途，更向前往，对于一切批评，决以冷静处之。尚有一事使余稍稍满意者，即余离开柏林四个月以来，未使国内何人一受咨询之扰，甚望能如此下去，以至终局。余生平行事最少向人咨询，偶然咨询一次，而其结果并不常常有益。因此余在1901年，仍将利赖余之五官，独自寻途而进。

　　今日为英国卫戍军队之阅兵典礼，该项军队之大部分系由印度兵士编成。印度习俗，常以此日为女王庆辰，举行祝贺。（英国）将军阿尔弗雷德·盖斯利爵士乞余代表（英国）女王之孙前往举行阅兵大典，指挥英国国旗行礼，高呼女王万岁。又是一番从古未有之事！此间真是令人阅历不少。在一位普鲁士元帅指挥之下，英、印军队大行其礼而且高呼"嘿，嘿，乌拉"不已！余亦不敢忘却敬向女王感谢之举。阅兵典礼，经过极佳。其间军装样式与兵士肉色，实表出一种五光十色之象，盖只有在东洋国中，吾人始能看见。余所乘者系一绝美之棕色马 Hosiwu，该马驰驱最善，使人不胜惊赏。

----

　　① 译者注原译为"正月一日"。此处改为公历叫法，下同。——编者注

庆亲王及李鸿章现在均抱微恙，曾派遣大吏持片前来余处（恭贺新年）。李氏居尝语其左右，谓彼与余极为相洽。而且彼在实际上，亦尝对余之能持正义致其感谢之意。在余对待华人往往必须应用严厉手段之后，犹能一闻此语，殊使余不胜欣喜之至。余尝闻华人极尚正义，由此可以证明。华人认为犯罪之后继以处罚，实系当然之事。而且处罚即或严厉，亦复不以为意。彼等对于斩首之惨，远不如我们心中所想象。关于此事，今日午后又得一个极为可惊之证明。刺死克林德之凶手，现已执行死刑。自数月以来，此不幸之人（指该凶手而言），即尝自请早日执行。至于执行死刑之地，系在克使被刺之处；换言之，系在极为繁盛之街上。虽然如此，而好奇往视之人，却不甚多。距此不及五十步远之街头摊子，仍复照旧营业不歇；在彼饮食之人，殊不愿停放其杯箸。一位说书之人，继续演述荒唐故事不绝，其吸引号召多数听众之力，实远胜于执行死刑一事。

1月3日之日记

余曾与（德使）穆姆先生对于中国所能支付之赔款数目一事，会谈甚久。各国公使之意，至多不得超过十五万万马克（约合华币七万万五千万元）。余则主张二十万万马克之数，尽可以榨出。而且余之见解，更可加上一重佐证者，即受余嘱咐尝到李宅（指李鸿章之宅而言）交际之人，曾向余言，该总督（亦指李鸿章而言）对于列强提出之赔款总额，本来预料当系此数①。

余渐渐认识法国军官不少，其中颇有极为明达之人。大凡从前曾经参与（普法）战争者，现在尚多忍气吞声，不免介怀。至于后起之辈，则较能从容思索，时常明白表示报仇之想实系毫无意义。

现在关于铁路问题一事，势将立与俄国发生冲突。俄国方面只以种种约定相许，以为延宕之计。近因为时已迫——至迟（1月）13日必须将该路移交与余——余曾致电（俄国）陆军大臣库罗帕特金，提及此事。后因经过三日尚无回信之故，余今日遂不得不再为明白催促。余对此事，必须顾全英国方面之利益，以免英国人疑余有意欲将此事冷淡下去。泰晤士报在此地置有一位坏蛋之访员，近来已经开始攻击联军总司令部中之英国代表（格里尔森上校）不尽其职。此事当然只是驻京英使之一种煽动。至

①即二十万万马克。——译者注

于北京、天津、山海关、牛庄及逾此以外之巨大铁路，乃是中华帝国国有产业。其中诚然参有英国资本，但为数不过四百万马克而已。此外在该路管理局中，并置有若干英国工程师。无论俄国与英国，对于该路皆无丝毫权利之可言，但现在彼此均欲管理该路。其第一步系欲由此以谋在华损失之补偿，再其次则为坚筑该国直隶方面之强大势力范围，亦即彼等主要目的之所在。

1月5日之日记

余在午后日光明媚之下，经过一处市区。余未到此者，已有数星期之久。现在市况亦复十分繁盛。余曾经过数处赌场之旁，此项赌场之中，皆系从早至晚公开赌博。赌博一事，似为华人主要嗜好，并由各种商店所采用。即使输赢范围极为微小，例如一块肉、一个饼以及剃头梳辫之代价等等，亦复用以赌博。因为信任之心及营业之况与日俱进之故，现在街上妇女已较前为多，诚然只属于下等人家一流。至于上流妇女则向无步行街上之事，时常深闭轿中，令人抬之而行。我们若欲辨别（中国）妇女之族类，可以从脚上认之。汉族妇女系用人力强成之小脚，举步极为艰难；满族妇女则对于此项习俗未尝模仿，彼等所穿者，系一种高底鞋子。其实该两民族之人，其脚皆不甚大。所以此地鞋匠倘若受人委托制造大靴，一如吾人通常所用者，则其势必将束手无策，不知如何着手。自满洲政府当道以来，曾迫令华人一律拖带毛辫；但对于汉族妇女之怪状小脚，虽尝严加排斥，亦复未能革除。毛辫为男子之标识，而女子则系以发缠头。男女衣服之形式，差不多完全相同，其所异者不过女子之袖宽、男子之袖窄一点而已。此外又因妇女亦复抽吸烟管、恰与男子相同之故，所以我们每遇彼等亲族聚坐、妇女小脚未尝露出之时，极难迅速分辨彼等性别。在满洲男子方面，胡子问题亦有一点关系。大凡男子必须生儿以后，始准留一小须。抱孙以后，始准留成满须。

1月6日之报告

　　因为德、法两国军队，在北京、天津、保定以及各处兵站共同生活之故，所有两军青年军人，彼此来往交际极为坦白自然，一如余在昔日报告中曾经提及者。在法国军官中，一直上至参谋人员，屡次表示报仇之念，实已早成过去思想。就余个人观察而论，彼等所言实与事实相符。余相信在法国军官之中，只是一部分从前曾经参加过1870—1871年之战争者，尤其是曾经做过俘虏者，对于怨恨之念尚未能加以克制。余固深知法国方面之报仇思想最易一点即燃。凡欲与德亲善之法国政府，盖无不为其敌党所推倒。若遇特别政治情形之时，实无一个法国政府足以压服国内报仇之呼声。话虽如此，但余却相信，转机之时间当可渐渐接近。与余来往之各位法国参谋军官中，曾因法绍达一役著名之法国中尉马尔尚亦在其内。彼等常公然向余表示，自认为亲德派中之人，对于我们军事设备，尤为赞叹不已。该中尉曾屡对余言，此间法国将校团对于余待法国军队之友谊及细心，均甚为欣慰。余并相信，此地（法国）公使毕盛先生，实系一位对于报仇思想甚为厌恶之人；而且彼因在此地常与俄人接触之故，业已变成一位仇俄之人。

1月6日之日记

　　我们与山东、南京、武昌三位督抚不在交战状态之中。此三位先生颇能于（中国）皇帝及联军之间设法应付，极为机敏，形成双方以外之（第三）势力，使人必须加以顾虑尊重，由此而产出一种极为奇特之现象。联军舰队大本营自夏间以来，即已靠泊扬子江口，并与驻有重兵之吴淞要塞甚为接近，可以直从海上明白望见垒上大炮，以及后面操练之军队，而且双方时常皆在准备交战之状态中。虽然如此，而各位海军提督仍与（该省）总督往来拜访。在山东方面，则该省巡抚现正力促铁路工程之进行，妥为保护该省教会，做出一种我们第一好友的样子，并曾向余拍了一个"敬祝新年"的电报。至于扬子江流域方面，其情形本可愈趋简单，倘联军各国之间若不彼此互相猜视。盖英国欲将该地划作英国独有势力范围，而其他各国——除俄国为例外，因彼之视线，比较集中于北方一带——则不愿英国独具此种优势。因而各循英国之例，在沪派兵登陆，所以现在该处驻有日本、法国、德国支队。余对于增派德军之举——两个中队——认为必要。而且余曾迫切呈请（当局）现在勿将吾国主力所在之铁甲舰队召还，盖因柏林某方面曾有此项召还之倾向，故也。两次希图召还之议，皆为余所驳回。

1月10日之日记

　　今日余曾与俄人辩论良久，对于此中真相，乃得明白一二。彼等欲从直隶撤退，仅留两个步兵大队、三个哥萨克队，以及一个炮队而已。其实彼等若愿全体撤去，尤为余所馨香祷祝。在天津方面，俄国只欲留驻一个中队，但彼却将许多宏大建筑物，如东武库及大学堂之类，每处可以容纳几个大队之众者，独自占有。此事将来尚不免发生问题。至于铁路移交事件，则北京、柏林、伦敦之间，电报往还不绝，但至今尚未有所决定，令余极感不乐。

1月10日德皇来电

现在英国使馆方面，曾向余反对阁下与俄所订之铁路条约。盖英国以此约实有危害该国私人权利之虞，故也。尚望阁下在英国正式提出抗议并吾人对其主张详加考究以前，幸勿签字该约。此外，余以为处此令人不快之英、俄争论中，德国方面之责任，当可切实卸去，倘若阁下能照日本、英国、美国10月6日之提议 ①，从速召集各国司令共同讨论。至于讨论之问题，当为："最有效力之方法，以使——军事行动所需之——铁路从速开始全部工作，并力谋其安全。"经过第一次会议之后，为再行减轻我们责任计，阁下最好另以年纪最老之他国司令一人，代主其席。至于德军方面，则由参谋长代表与会。关于法律问题一事，阁下暂时不必直接提出讨论。但此事终当自会牵入讨论之中。我们所持论点应为：侵害私人权利，只以军事行动无法避免者为限；而且对于此项被害之私人权利，应该许以合法赔偿。同样，所有铁路用品之取留等等，自当在讨论铁路工作能力之时及之。请将前此所拟条约内容电余。

威　廉

---

① 即阁下前此在2081号之报告中所曾述及者。——译者注

1月12日之报告

　　皇上陛下，余现有不敢遗忘恭奏者，即余觉得美国、日本两国对于德国果然实行占领烟台一事，恐将采取一种不甚友谊之态度。而日本方面更将立刻派兵在该处登陆以答之。（德国）公使穆姆观察美国所得之印象，亦正与余相同。又现在发展德国山东势力一事，实际上固无即行占领烟台之必要。而况起自青岛之铁路建筑，既日有进步，则烟台之商港资格，更将丧失其重要关系矣。余并相信此种局势既成之后，则列强对于烟台或将渐渐冷淡下去，不复重视，而德国便可从此不劳而获烟台。余以为扩充德国山东方面之势力范围，以及推广德国胶州方面之占有地带，实比夺取烟台为容易办到，而且远不如夺取烟台之引人注目也。在现刻情形之下，万不可少之铁路保护一事——此事将用全力为之——正授吾人以柄。余对此事，早有从护路大队中，抽派一个中队前往青岛之意。但因直隶方面亦复需用该队之故，所以迄今未能实行。一俟北京、山海关铁路管理事宜重新整理之后，余将立刻对此问题加以研究进行。假如和议之事果能顺利办到，三月初旬开始撤退北京，则我们立刻便有五千人至六千人之众，以应青岛方面之用，并可利用远征队之青岛兵房以为驻扎所在。我们此种行为，无论任何一国，不能加以抗议。但对于山东巡抚，却能使其得一深刻印象，对于中国政府，亦可使其稍得几分警觉。袁世凯先生系属于明达督抚一流，彼现在竭力促进从速议结和约。据云，彼之为人，"易受商量"。因彼曾经力为辅助德国铁路、矿山事业之故，可以称为一位促进德国事业之人。余以为如能暗中派遣一个外交代表前往彼处，实极有益。

1月16日之日记

　　一般人尝以下列各事，认为华人特性：爱说谎，喜偷窃，对于污秽与怯懦毫无所感。余对于华人爱说谎一层完全承认。对于喜偷窃一层亦复承认，但以苦力为限。至于污秽一层，则并非极为普遍之事。我们军队曾见过许多乡村，据云其洁静之程度，并不下于德国、法国，至若波兰、俄国、匈牙利则简直不能相提并论。即在北京方面，余近来亦渐渐发现许多极为清洁之房子。大多数华人在实际上确是怯懦。数百年以来，该国未尝发生巨大战事，亦无外敌压迫之患。1860年英法联军之短期战事，以及最后中日一役，其战地只限于一部分地方，而大多数华人亦复从不知有此事。因此之故，所有尚武精神，渐渐丧失。而兵士地位，亦极为普通人所贱视。现在确实没有一点尚武精神，以致国家衰弱。彼等为人，不喜反抗，所以易于治理。大凡一位官吏，必须对于人民业已十分苛酷搜括不堪，然后始能引起反对之举。华人此种怯懦情形，诚然不是优美性质，但在一般未负执戈卫国职责之人民中，此种习性却又不失为一种善良性情。至于华人性质尚有其他种种例外，吾人可于此次拳乱中见之。即就一般被处死刑犯人之态度而论——李鸿章在广州，一年之中曾杀五万人——亦常足以证明彼等实具有毫不畏死之精神；倘有一犯露出沮丧之气，则将为其同死各犯所辱骂、所讥笑。

1月17日之报告

现在最足令人叹息者，颓唐气弱之列强，竟设法阻余越出直隶侵入山西之举。余从前之意，以为冬日之际，不能再作规模较大之军事行动。但自余观察德军所表现之精神与能力以后，顿觉前此所怀意见应该取消。

1月17日之日记

　　昨晚余接（德使）穆姆先生之报告，谓中国议和大使现已声明对于议和条件为原则上之接受，并已加盖御宝，因此对于和议讨论范围，从此已有一个坚稳基础。

　　经过许多星期之会议讨论，以及屡与柏林、伦敦交换许多无用电报以后，今日始将铁路合同与俄议结，而且内容一如前此余所草拟者。余甚希望，彼辈或者可以从此得着一点经验，即此类关于本地情形之问题，余毕竟比较柏林、伦敦之外交部看得清楚一点。到了最后一刻之时，余尚为俄人所繁难。盖俄人照例每于闭门之时，尚有种种反对之异议及修改之提议，故也。现在所有北京至山海关之全路，皆在余之手中。关于杨村至山海关之铁路管理事宜，余亦自俄国手中接得①。一俟两个星期以后，余即将该路移交英人，因彼辈急欲取得，故也。余之最初论点，以该路为一种军事铁路，专谋联军利益之用，总算是始终坚持，侥幸贯彻。

　　俄国方面尝主张"征服之权利"，可谓无耻已极。第一，此项主张仅有一部分可以算是不错。第二，俄国每遇于己有益之时，则又时常声言，彼固未尝与华作战也。英国方面则又主张该路之中，英国投资甚多，英国雇员甚众，所以该路实应属彼云云。其厚颜亦与俄国完全相等。盖英

――――――――――

　　① 北京、杨村之铁路，系已早在瓦德西手中。――译者注

国所投之资乃系属于英国私人及银行项下，英国雇员乃系服务于中华帝国，故也。现在余与俄国，幸已脱离。但对于英国，一定还有许多难题在后。

俄国委员，尤其是 Engalitschew，今日皆甚愁闷，并声言彼等乃系被人战败之人，而余则为手段强辣之人云云。

1月18日之日记

　　在18日纪念日^①贺客之中，日本公使（西德二郎）亦在其内。谈话之际，彼曾询余，是否愿乘离去此地之机会，一赴日本游历云云。余最后觉得彼之为此，乃系出于窥探之意。彼最终更言，彼相信（日本）皇上如能得余为客，定将十分欢喜云云。余因作下列有限答语：即余极高兴一游日本，但此事须待吾皇允许之命，方能决定。余从此处又可看见，日人方面实相信和议不久即可成立。

---

　　① 此系德国1871年之统一纪念日。——译者注

A Field Marshal's Memoirs

1月19日之日记

　　今日为（俄国上校）Engalitschew 设宴饯行。彼系一位年少有妻之人，忽然奉命派在余之参谋处行走，乃匆促束装前来。彼对于参加中国远征队一事，当然非所乐为。彼自始即未尝一刻忘归，而且声称当时曾经许彼，若届圣诞节之时，当已回到家中。彼对于俄国各种欺伪之举，必须参加活动，常使彼之个人，亦复深感苦痛。（俄国）中将林内维奇亦将与彼同行。该中将系一勇敢男儿，旧式教育之军人。彼每见我们兵士之谨严态度，辄心中欢喜不已。彼之全部军事生涯，大抵都消磨于高加索、土耳其斯坦两地，现为第一东路西伯利亚军团之司令将军。彼从未服务禁卫军中，毫无俄国宫廷将军之习。

　　（德使）穆姆先生将中国方面对于使团末次通牒之回文，给余观看。穆姆甚觉其中语气不当，并谓所提各项问题，亦复不妥云云。但余细阅回文，对于上述两种非难之点，却均未能看出。只是我们亲爱的外交官们，遇事如能稍稍强硬一点（那就好了）。盖此中确实缺乏一位领袖人物。此外（俄使）格尔斯先生，更是一位永远不能望其共同行动之人。但是现在和平会议至少总算已经开始，因此，撤兵问题亦复渐渐接近。余将动手准备一切，盖余现已深信，（法国）将军华伦及（英国）将军阿尔弗雷德·盖斯利爵士对于余之意见，业已大体同意。

　　现在极不明了之一点，即是日本对于英、俄两国之关系。该两国皆欲争得日本之友善。当战事初启之时，英国方面似乎处于优势。但是此种形势，近来渐渐变迁。至少俄人方面系如此主张：彼谓对日关系，已经十分安全；关于划分高丽方面之两国势力范围一事，亦复达到彼此谅解之地步，云云。反之，余又从法国方面闻知，现在形势又已大变。日本国内对于俄国在满洲之行动，十分不安。盖以俄国欲在占据招牌之下，实行其并吞统治之谋也。但余现在复得俄国方面可靠消息，谓满洲现象极不可乐观。该处居民因旅顺及海参崴方面续派重兵前来之故，人心极为不安。因此余相信（俄国）撤兵直隶之举，实与此事有关。数日前撤退之一旅（俄军），现正徒步开往奉天省城。

1月20日之日记

今日主要之事，大部分为余与中国亲王周旋。最初在我们使馆之内。来此者计有当今皇帝之兄弟三人，以及堂兄弟一人。彼等系乘马而来，随带无数侍从。因应彼等请求之故，曾派遣三位德国骑兵做其伴护。此四人者皆系极为温雅之少年，举止优美，面貌聪俊。彼等穿得齐齐整整，其毛辫之美丽尤特别惹人注目。彼等表示一种极有训练之礼貌。因其中年纪最长者，亦不过十有八岁之故，所以实际上，只算是一种儿童盛会。

彼等极喜钢琴音乐，尤其是联队军乐。其中年纪最长之一人，似将被派为前往柏林之谢罪大使。余相信彼必为吾皇所喜悦①。

当前此围攻之时，彼等皆在北京，其后亦复匿在城中，未尝出走。直到最近，外间始知彼等尚在京中。

伴彼等来此者为荫昌将军。该将军曾久居柏林及维也纳，能说流畅之德语，倘遇必要之时，尚会说柏林土话。最近有一次，彼欲穿过余之庭院，为站岗兵士阻其去路，并谓之曰："苦力，此处汝不得行走。"彼乃向该兵（打着柏林土语）高呼曰："不行，小哥，那是没有的事。"

但派往柏林之（谢罪）大使，尚有另外两人，亦在候补之列。其中

---

① 此系指Kungjuan亲王而言，但其后实际上所派之大使则为醇亲王。——译者注

之一位，即为头等亲王之肃王。彼于午后来访。此人系一个短小而肥之身材，年纪约四十左右，面貌极平常。彼似乎甚欲求得余之宠爱，但是未能得偿其愿。彼曾向余言曰：彼现有子女十人，其最幼者年仅一岁云云。余乃答之曰，当然一定还有十个子女继续而来云云。因而余遂由此献彼一句最大谀辞，此种谀辞，对于华人，实不妨言之者也。

1月23日之日记

　　各位外交官们现在公然大起胆来，议决送给李鸿章一个强硬通牒，将于明日投递。关于撤兵一事，必须先将祸首处死之后，始能道及。此种要求，为华人所熟悉者，已有四个月之久，每次重新申明，终不能使彼等特别注意。我们早已应该实行报复手段，譬如或者派兵占领禁城，或者提出毁破禁城之恐吓，或者拆毁一段城墙。尤其是打毁城楼一事，实为该城之奇耻大辱。但是所有一切行动，只需稍有强硬趋势，立即遇着俄国方面之困难，而且日本方面近来亦常附和其说。此外英国方面亦不十分可靠，彼但注意占得长江流域优势一事。余尝从总税务司赫德爵士处，得以证实，英国方面确有接济长江两位督抚多量金钱之举。

　　在中国方面，除了皇室及其多数亲属外，实无所谓阶级之区别。贵族一物，从未有之。所有政府职官——九品官级——系由所谓"文士"之中选拔充任。在理论上，可谓甚美，盖欲由此造成一种"学识贵族"，故也。但在实际上，则全不如此。盖彼之所谓学识，实属最可悲观，故也。凡有欲为官吏者，可于学习若干时日之后，往赴每年一次之考试。第一次之考试在本县举行，第二次在本府举行，第三次在本道举行，第四次在省城举行，第五次则在北京举行。并于考试地点建筑宏大房屋，以为考试之用。其中并为每一投考人员，设有一个号房，其小只足以容纳一人、一桌，独坐其中。（据云：北京试院之中，共有两万间号房。）因为中国官吏人数，较之吾国，未免寡少之故——此处亦为中国民族易于统治管理之一证——所以此种无数候补人员，能被任用者，比较甚占少数。其余大部分不得意之浅学人士，则散布全国之中，倾心教派，易于谋乱。此次拳党之中，此类人士为数甚多。至于幸得一官到手者，则又无不努力搜括人民，而自己则复为上司所剥削。据一般人推测，中国每年税收所入，实际上只有十分之一系入于皇家国库。

2月1日之日记

　　昨日荫昌将军曾受李鸿章及庆亲王之嘱，特来余处相告，谓近来获得（美国）查菲将军书面允许往游禁城之人，屡欲侵入住有妇女之院宇，盖此种院宇至今受人敬重，未加侵犯，故也。所有其中妇女，恐惧达于极点，群谓：倘若再有此种情事发生，决定自戕其身命云云。余因此事特为往访查菲将军，彼立即赞成余之提议，出示严禁，并贴在住有妇女之处，而且因欲使人特别注意之故，特声明此事曾得余之同意云云。最可惜者，吾人在此，对于此种毫无纪律之人，有时竟非加以严重干涉不可。此类人无论何国国籍均有。至于妇女每见敌人将近，辄先毙死其子女，随即自戕其生命之事，实已屡次发生，至可叹息。

2月3日之奏议

（论瓜分中国事。）

关于近年以来时常讨论之"瓜分中国"一事，若以该国现刻武备之虚弱、财源之衰竭、政象之纷乱而论，实为一个千载难得之实行瓜分时机。现在所欲问者，只是各国对此问题究取何种态度。俄国方面因占领满洲之故，在最近期间当可心满意足。假如现在法国进据云南，日本占领福建，英国取得长江流域一部分，德国占据山东，则中国方面实无力加以阻止。因此，我们对此问题必须十分注意，倘或一旦列强对于瓜分之事，果有妥协之望。

但余对于此事，却认为绝对不能实现。英国极不愿意法国进据云南、日本占领福建。日本方面对于德国之据有山东，则认为危险万分。各国方面对于英人之垄断长江，认为势难坐视。至于美国方面，更早已决定，反对一切瓜分之举。俄国方面若能听其独占满洲毫不加以阻扰，则该国对于他国之实行瓜分中国，当可袖手旁观。盖彼固深信，各国对于此事，彼此之间必将发生无限纠葛，故也。因此之故，急欲促现瓜分一事，实系毫无益处之举。

据余在此所能推断者，则几乎所有列强，皆欲借建设铁路、开采矿山之事，在华直接生利以自肥。其结果则各种间接利益亦将渐渐随之而生。譬如中国重大未辟之财源，势将由此日益发现；中国人民之幸福，亦将由此益增；对于各国商业工业，更将从此辟一广大活动区域。因此之故，预料各国前此参与经营之铁路事业，不久即将重新着手。此项铁路事业，在乱事以前，即已一部分实行开工建筑，一部分业经计划妥帖。

最近余所新悉者，只有俄国对华策略一事。俄国最初用尽方法，谋得山海关、北京间之铁路。彼曾先将彼之天津租界大为扩充，直与车站地址相接，妥为之备。假如争有山海关、天津、北京间铁路之举，系英国方面获得最后胜利，则俄国势将另自新筑一条山海关至北京之铁路。此外俄国尚欲再筑一条北京至张家口之铁路，并拟将来再为引长，直穿过蒙古，以达恰克图。至于北京、保定、正定间之铁路，其延长路线系拟直达汉口。该路直到现在，系由法、比公司所建筑。唯俄国方面，现刻竭力设法收买该路股票，以便由此获得监督该路之权，并得循此轨线，以达各国商业利益焦点之长江。其他方面，则英国拟由缅甸出发，法国拟由（安南）东京出发，各建铁路，以达该处。据余观察，俄国之意，系欲使中国永在衰弱状态之中，常受俄国羁绊支配。因此之故，若谓俄国之使中国经济发达，其意系在助强中国，实为最不合理之谈——但在他方面，余实未敢遽信，中国现在已到甘受俄国保护而不辞之衰弱地步。所以余料，假如俄国永远据有满洲，其势将使中国皇室取消北京首都资格，另建国都于他处，实属极为可能之事。

中国文化在四百年以前，常有若干方面比较欧洲为优。但自彼时以后，遂成停顿不进之象。尤其是对于火车、轮船所引起之世界巨大变迁，未能加以理会。而且数世纪以来，未有外敌严重压迫，以致养成一种不能战争之民族。所有上流阶级，对于世界情形毫无所知，只是骄傲自大，盲目反对白人。至于官吏人员，则为腐败之气所充塞，毫无精神之可言。其在皇室方面，则又似乎不能再行产出振作有为之人物。但吾人在此却有一事不应忘去者，即中国领土之内，除开西北两面之蒙藏不计外，共有人口四万万，均系属于一个种族，并且不以宗教信仰相异而分裂，更有"神明华胄"之自尊思想充满脑中。此外更有一事，亦复不应忘去者，即吾人对于中国群众，不能视为已成衰弱或已失德性之人。彼等在实际上，尚含有无限蓬勃生气，更加以具备出人意外之勤俭巧慧诸性，以及守法易治。余认为中国下层阶级，在生理上，实远较吾国多数工厂区域之下层阶级为健全。倘若中国方面将来产生一位聪明而有魄力之人物为其领袖，更能利用世界各国贡献与彼之近代文化方法，则余相信中国前途，尚有无穷希望。吾人若一观察日本维新之迅速与成功，则此处实值得吾人加以特别注意——至于中国所有好战精神尚未完全丧失，可于此次"拳民运动"中见之。在山东直隶两省之内，至少当有十万人数加入此项运动。彼等之败，只是由于武装不良之故，其中大部分甚至于并火器而无之。

倘若中国一旦强盛，则受其影响者实以俄国为最。俄国将于距其中央政府甚远之数千公里遥长界上，行见一个含有危险甚或势均力敌之对手产生。

若此种观察不错，则无论为德国或英国利益计，皆宜以此之故，扶助中国，使其经济发展，国力增强。而吾人商业关系，当然亦将随之而进步。至于并吞土地一事，与其谓为促进商业，则毋宁谓为阻碍商业。盖余之意，以为德国若以胶州为根据，实能享用山东利源，而且由此更将获得一个较大活动区域；假如铁路建筑，不仅天津[①]一段，而以直达南京为其终点。

假如现在俄国果真努力以助中国发达，则该国之政策可谓完全错误。近来有一中国老人曾宣言曰："我们自四百年以来，皆在睡梦之中，但其间我们深觉安适无已。你们白人，必欲促使我们醒觉，则将来终有一日，你们对于此举，深为扼腕之时。"云云。

关于德国在山东方面并吞较大土地一事，尚有一种困难，即华人置诸德国官吏治理之下是也。就该地大抵贫乏之居民中，欲得多数税收，可谓希望甚少；其中尤为重要者，则该地距德太为遥远。假如中国一旦复欲夺回山东，则德国方面——除开列强特为德国而设之各种困难不计外——对于此种战事，非至财政破产不可。

---

①Funan，此字似为济南府之误。——译者注

2月4日之报告

皇上陛下，余不敢遗忘，敬谢吾皇钦派铁甲舰队驻扎东亚直至今日一事。

余对此事极为欣慰。一方面系由于普通政局之关系。盖现在时局犹在混乱不明之中，而且对于东洋国家示以威力，常能使其重视。他方面则系由于德国本身利益之关系。倘余在近来恭呈奏札之内，曾谓陛下之议设统帅一职，实使此次全局受益不少云云，则现在余对此语更将扩广其意，即陛下之派遣重大海军、多数陆军于东亚，以及委任德国将军受此统帅之职，实使德国利益为永久不朽之增进。在我们国内，或有因政治识见短浅错误之故，对于此举不甚加以重视；而在斯地，则此举实为一切德人深深感谢，引为荣誉，而且亦为各国所重视。

自余在此开始活动以来，即常以为余与各国军队设法避免龃龉一事，当于陛下有益。现在余甚相信，此举业已办到，而且未尝有损余之地位尊严。余与各国皆甚相洽，余执行统帅职权，亦无争执之事。又余与日人来往，觉得彼等似乎对于某种政治情感（系指德国迫日还辽一事），尚未完全克制，所以彼等举动，皆甚趋于谨慎一面。但近来此种态度业已完全改变。盖日人方面，对于世界各国尚未承认彼为列强之一，时常引以为忧。今在余处所得之印象，乃与其平居所隐忧者完全相反，因此彼极为感动。余对待彼等亦复极为坦白自然。而且对于彼等军事才能屡次特别奖励，此固完全本诸余之良心而为之（非故作诮语）也。余相信以是之故，所以日本公使及日本将军山县有朋皆曾告余，倘余在回欧以前，一往日本游历，则（日本）皇上陛下，将甚喜悦云云。倘若届时陛下对于此事加以允许，则余将敬乞天恩，准余随带少数侍从，乘坐陛下之赫莎号巡洋舰而往。至于其他战舰是否也应开往该国一为表示，敬祈陛下圣衷独断。

和议进行之迟缓，以及其他列强之冷淡，使余十分苦闷。余所惧者，德国所要求之赔款数目势将不能达到，而且相差甚远。其中主要负咎之人，当然是推俄国，而日本、美国则更从而附和其说。至于英国方面，亦不能完全无过。彼不愿在直隶之内，尤其是不愿越出直隶以外，从事有力的军事行动。彼但在长江方面独行其道，常用金钱魔力，以使该处督抚受其束缚，祖彼利益。余对于和议将竣一事既未敢置信，因而对于大多数列强代表所抱北京行将撤退之见解，亦复未敢苟同。现在要求华人处死祸魁之事，已有数月。若在此事未曾执行以前，则中国诚意言和之心，尚无法令人信任。倘若其间和议果然成立，则亦须经两月之久，然后北京撤退之事，始能办到。盖从德国方面派遣运输船只来此，势非短促期内所能抵达。至于大批军队齐集天津候船一事，则又因顾及卫生关系之故，实不应为。而且将来须俟第一批运输船只离开大沽海湾之后，方准北京军队开始乘车出发。至若军中用具，当然可以先行输运出京。

陛下饬令海军衙门长官寄余之八类航行表多种，余对此极有兴趣之赏赐，不胜敬谨感谢之至。

2月10日之日记

　　余因欲使外交方面略添生气之故，乃屡次宣言，余现在预备，至迟不出十四日之内，将有一种规模较大之军事行动。余欲侵入山东，同时并令法军攻取山西云云。此事果然发生了一些影响。盖美国公使方面认为此种军事行动，甚易妨碍和议进行。而（英国）将军阿尔弗雷德·盖斯利爵士亦曾命人告余，如有关于超出直隶境界以外之军事行动，彼必须先向本国政府请得许可，然后始能参加云云。同时，华人方面既由（俄国公使）格尔斯之传递消息，得知余之恶意行动，此外俄、美、日三国又皆有希望从速议结和约之心。所以余甚冀余之此举，或能促使双方稍为迅速一点进行。

2月11日之日记

在华人性质中令人可以注意者，尚有知足与节俭二种。一位成年之人，每日所需之饮食费用，未尝超过四个芬尼（约合中国大洋二分）。若值饥荒之时，赈济群众，只需每人每日给与三个芬尼（约合中国大洋二分）即足。吾人由此然后对于一位苦力每日得资二十芬尼，竟能充裕养家之事，始能了解其故。此外更加以十分节俭，所有世间万物，皆不令其废置遗弃。因此之故，对于已死动物加以埋葬之举，从未有之。无论骆驼、驴子、马、牛、犬、猫，皆可作为食品。假如该项畜牲之死系由于染疫之故，则其肉价可以略为低减，但其尸体却无论如何非吃不可。关于烹调食品一事，中国主妇具有无限发明天才，为我们从未见过者。每件残剩物品，皆能善为利用。若到秋季树叶尚未坠落之时，则随处皆在争相采拾，而且类多小孩为之。其在高贵人家，亦复极讲经济。庆王宅内，常将杯内饮剩之茶再行倾入茶壶，更由此以烹制鲜茶。此种办法，大约各处皆系如此。对于衣服之俭省，亦正与对于食物相同。所有精干母亲，对于一条破布或一根短线，皆知所以利用之法。每值天气温热之际，辄使其膝下孩子，一直到了五六岁左右，犹复裸体不衣，遍处走跑。倘若我们再将彼等居室一为考察，则其甘于俭陋之状，又为何如。大批人数，相与挤居于一间昏暗卑陋之屋内。因此，我们方知中国群众生活之极为便宜，乃系势所必然也。在此种居处情形之下而欲求其洁净，当然是万无之事。从前曾有一位英国女人向一位中国母亲问道："你的孩子，好久洗澡一次？"她乃得着一个怆然的回答，即是："我的孩子，从未洗过一次！"

中国妇女假如已经嫁人，而且生有小孩，则其地位并不低下，尤其是假如她曾替其丈夫生了许多儿子。但她对于丈夫之娶妾一事必须忍耐，至少在富家之内确系如此。至于闺女之境遇，则远较妇人为劣。第一她们诞生之时，因身为女子之故，即已不受欢迎，且有被人处死之危。迨到年纪渐长之后，又有被人售卖之虞。此种处死及售卖女儿之事，其流行程度各省不同，一以该地长官对于此事之态度为转移。其间尝有许多皇帝虽曾下令严禁，但其效果均未能持久。其主要原因，并非由于父母之贫穷，乃系由于宗祀之观念。盖女子一旦嫁人之后，则与其母家完全脱离关系，从此不能代亲祈祷及祭祀。因此之故，女子之于父母，乃系毫无价值之物。父母既如此设想，所以对于女儿之教育等事，亦不引为己责、多耗金钱为之。早婚一事，实为此种观念之当然结果。为父母者极欲与其女儿早日脱离，并不惜花费金钱以成其事。因此媒人之在中国，竟有巨大行会之组织。此外妇人之生活，亦复并不逍遥自在。伊等在家工作甚多，每无暇时出外。在中国某某数地，其妇人及闺女之间，常有一种自杀狂之流行，成为一时重大不幸问题。又中国青年闺女往往自结会社，规定每个会员到了若干年纪，即须自行戕杀。

2月12日之日记

最近数月以来，余屡被柏林方面询问，现在铁甲舰队是否可以归国云云。余尝决定，竭力反对此项舰队撤回之议。而皇上对于余之意见，亦复加以赞成。现在余所深惧者，恐因我们（国内）近来大倡亲英之故，又将再提此项撤回之议。余之主张，则依然未变。而且余对于英人之口头亲善，尚不敢加以信任，余必须先行听见一点亲善确据方可。盖英国政策之主要思想，无非专谋自利而已。余实毫无一刻疑惑，英国衷心欲在长江方面，痛打我们嘴巴。至于四只铁甲战舰停泊吴淞海湾一事，只能发生最好之影响无疑。盖此举一方面既足以警告英人谨慎从事，他方面又足以引起南京总督之特别注意。

现在我们在此接得社会民主党攻击此间行军举动之消息。该项攻击材料，系根据于兵士函中所述之恐怖故事，以及许多报纸所布之无聊消息。余所不能了解者，即陆军总长何以对于此种辩论，竟愿参与。而况该总长自身对于此间情形，固亦未能深悉乎？此项传闻，十分之九，皆系无端虚造，以及言过其实。假如果有兵士曾经看见白河之内浮尸数百一事，则此事之为谎语固不难加以证出。盖我们海军步队行至彼处之时，战争之事已经老早过去。该兵所述，当系闻之他人，而他人或更闻之另一他人。假如一位少年情感丰富之人，镇日但见焚毁之村庄，打破之庙宇，死人之尸首，动物之遗骸，更加以中国拳民被处死刑，欧洲哨兵被人刺杀之事，日有所闻，则不能无动于衷，自是当然之理。此外更因欲使国内亲友对此特别惊叹之故，于是想入非非，加以点缀。而此种恐怖故事，亦遂从兹造成。至于许多华人曾被枪毙之事，诚然有之，但彼等实是罪有应得。尤其是依照中国人（对于犯罪处罚）之观念（一点不算过分）。对于此种观念之了解，所有吾国一般主持评论之人，皆当引以为责。

中国刑罚，极为简单。其中笞刑甚多，其次则为流刑、死刑，而无真正监禁之刑。大部分犯罪事件，皆以笞刑处之。每当坐堂开审之时，先将犯人痛打一顿，使其明白供认。复次，再将证人痛打一顿，使其不作谎语。迨到判词既下，立即将罚执行。所用厚大之竹板——其中共有大小厚薄两种——往往竟使受刑之人由此死去。至于处以死刑之事，则时常有之。每每一种罪案，在吾国只加以三四个月监禁之处罚者，而在中国则竟以死刑处之。直到现在，此间刑部大臣，犹常常向着"北京行政委员会"诉说城中不靖之状与日俱增，尤其是美国区域之内。彼以为系因处罚过于轻微所致。因此，该大臣请将所获强盗窃贼引渡与彼，彼当时常处以死刑。

2月15日之日记

　　余曾在（德使）穆姆先生之处甚久，乃知和议之事，丝毫未有进步。在各国公使之中，以英使萨道义所持之态度最为有意拖延。究竟该使何以故意拖延，实难令人了解。或谓英使实欲由此以使我们在此多住几时，以便我们愈与英国接近，愈与俄国反对云云。余相信英国政策之中，或有此种亲善之举。

2月16日之日记

现在余已决定，下令各国军队，从速准备一切，务于本月底间，即可开始攻击，而且能于山岳之地行之。余拟直向山西侵入，该省虽为山岳所环绕，但余相信一切难关，当可打破。现在令人悬念不置者，则为法军之态度。（法国）将军华伦本人，固尝向余表示，甚愿参与战役，余亦相信彼之此语，当系由衷而出。此刻所欲问者，即巴黎方面是否另有他项训令来此。在总司令部之中，现在无不欢声雷动，盖以从此或可发生一点激烈战事，不复再度此种寂寥无味之光阴。（英国）上校格里尔森亦向余言及，在英国大本营之中，对此亦是同样欢欣鼓舞，且为最良意志所充塞。虽然如此，余仍未敢十分放心，因余以为彼等终当一向本国政府请示，故也。余之命令，已赶于昨晚发出，而且同时设法以使李鸿章得知此事。（德使）穆姆先生顷使人语余，谓彼对于余之此举，不胜欢喜。盖今晨曾接由西安府传来之通牒一道，其内容颇为轻佻，今以此举答之，实为恰到好处也。

2月21日之报告

现在余从公使穆姆方面得到通知，谓使团方面，对于中国政府所宣言之处死（祸魁）一事，认为完全满意。因此，关于中国议和大使拒绝接受议和条件之假定，当然不复存在，所以余已下令，暂将攻击之期往后迁移。盖此种攻击之目的，原是只欲对于华人方面加以压迫威吓而已。假如行将付诸讨论之赔款问题，复为华人方面故意怠慢，则余在任何时候皆可发出开始攻击之令。此次事件经过之速——从下令预备攻击之恫吓，至西安方面中国皇室之屈服，其间不到四日——又足以重新证明，凡与华人谈判，若欲得到胜利，必须具有威力，而且示以行使该项威力毫无顾忌之决心方可。余曾设法使人将此预备攻击之令，犹在发出之同日，故意传入总督李鸿章耳中。余并探知，此项命令，曾使李氏陷于十分惊恐之状。李氏立即危词上奏西安，使其注意。同时并应用各种方法，使余对于军队发动之事，暂缓实行。于此发生了一件从古未闻之奇事，即中国新年①，向来只作娱乐之举者，今竟为严重之会议所滥用、所虚度。各国公使曾向余直接地或间接地致其谢意，谓余此举实使和议前途进步不少。

此处余不敢漏报陛下者，即余之预备攻击命令，颇为各国军队所欢欣赞赏，而且精神为之一振。至于德国军队之中，现在既见有与敌人接战

---

① 此次在阳历2月19日。——译者注

之机会，于是均不愿落居人后。所有营中养病之人，几乎全来报到，自谓所病业已痊愈。唯有（英国）中将盖斯利爵士表示一种不甚思动之态度。当余令余之参谋长将余出兵意见告知该中将之时，该中将对于战地距离太远、动员期间太迫等等，表出各种踌躇态度。最后彼乃将其怀疑之心明白吐露，盖彼深恐余存有直向西安前进之意也。其后彼又似受（环境）影响，对于此项攻击计划，渐觉可以实行。余从此又复重新觉得，盖斯利爵士之为人，诚然极有思想，但对于魄力及明察，却嫌缺乏。

2月25日之日记

　　现在余始从报纸中得知，余曾久受英、美、俄三国报章之激烈攻击，尤以造谣总汇之《泰晤士报》为最。该报之论文，当系来自莫里森先生。此君似乎好作真正英国访事夸大狂，余当特别注意及之。余对于报纸攻击所得之印象，并不比较一犬狂吠为稍多。余所惊讶者，即（大）报馆如《泰晤士报》，亦复永用此类劣败访员。此间英人对于此君（之行动）甚为惭愧，但无勇气将其遣送出境。至于俄国方面之攻击，系由乌赫托姆斯基侯爵主持其事，此人曾在此地逗留若干星期。又美国访员时常出入于该国使馆之门，对于外交应守秘密之惯例，往往未能严守，因此外交团中，对此极为不满。此外各种报纸之上，又常相传余与（德使）穆姆先生之间曾有龃龉之事发生，可谓没有一字不是扯谎。余与穆姆自始及今，最称相得。因彼建议之故，（此间外交界人士）时常（尊重余之意见），位余第一交椅。法国公使对于此议亦复极为赞成，而英俄两使则初时尚思设法反对。现在此种龃龉谣言，当然是造自一位英人。

2月27日之日记

　　昨日余曾与几位外交界人士谈论，现在似乎大家已经开始觉得，关于赔款总额一事，实有速向华人提出之必要。赫德（总税务司）始终坚持，中国方面之支付或缴利能力，万不能超过十万万马克（约合华币五万万元）。昨日对于使馆界域防御问题，亦复会议良久。幸因（德使）穆姆先生之力，稍为得着一点结果。

2月28日之日记

自若干时日以来，余即尝建议，拟将白河自天津起，加以疏通修理，以便炮船再可直达天津。盖当1896年之时，炮船犹能驶至天津，故也。果能如此，则将来对于大沽海湾装船一事，利益极多。至于办理此事，宜由天津"临时委员会"担任，而该会对于此事，亦复甚愿为之。大凡头脑清楚之人，对于此种计划，虽已无可加以非难，但此事之实现，余恐仍不可期。盖因外交界方面，实有出来干预此事之意，果尔则此种计划势将根本断送。至于彼辈出来干预此事之原因，系以该会只由军官所组成，殊非彼辈所能忍受。至若彼辈出来干预，是否于事有害，彼辈对此却认为无关轻重，不复加以注意。

3月1日之日记

　　昨日为公使会议，（德使）穆姆先生曾欲使其略增活气之故，拟将赔款重要问题提出讨论，但未能如愿以偿。又彼曾建议，对于将来占领通至海滨之铁路，以及天津地方驻防问题，应请各国将军先行拟出一种意见书云云——其实余已老早拟出一种，且为各使所深知——亦未蒙会中通过。因（俄使）格尔斯曾言，彼必须先向圣彼得堡请示，故也。此次会议之中，只有一个提案算是通过，即某某不关重要之两事，提交委员会加以讨论解决是也。所有上述一切议案，本应在两月以前即须议决。一俟中国方面宣言原则上接受和议条件之后，立将各种议决通知华人。换言之，其时犹在新年时节也。进行之缓慢，直到可罚之程度。此间会议之事，须由十一国公使共同讨论，诚然不甚容易，却不能借此以为解嘲之地。

3月2日之日记

　　各国政府对于华事进行之缓慢，亦正与此间各使相同。盖彼等（指各国政府而言）现在尚未决定对华要求之赔款数目，究应为数若干。余与（德使）穆姆皆曾设法催促柏林方面。近来余又接到一种来电，询问现在铁甲舰队是否可以返国云云。余仍坚决主张该项舰队应留此处，直至主要条件履行之时。盖此项舰队，在长江方面给予华人之印象，极为深刻；若一旦召归，将使华人之兴致立刻又高起来。赔款数目以德所要求者为最多，且亦十分合理。盖以军队之数目与路途之遥远而论，皆应如此也。法国军队数目虽然与我们相等，但其中一半人数系由（安南）东京而来。英国军队则全部皆系来自印度。美国军队则自菲律宾方面调来。日本则又居于近邻。唯对于俄国方面，不易与之比较短长，盖该国于西伯利亚铁路方面，据云受损不小，故也。该国欲与中国自行清算，而且当然系以满洲为赔偿。

　　美国公使康格先生现在给假归国。但据余观察，彼或将不再回任。现刻代表该使列席和议者，为罗克希尔先生。此君系在夏间奉命来此，盖当时以为各国公使皆已被杀，故也。（美使）康格及将军查菲之为人，外貌虽稍粗率，而内面却甚良好。余承认彼两人皆系极为可敬，而且具有才干之人。

3月5日之日记

今日余曾往访城中一座喇嘛庙宇。该庙现由澳洲海军支队驻扎。引余参观之某军官曾向余坦白言曰："我们曾将此间最好之古铜，寄呈我们女王（指英国女王）。只可惜此项物件寄到之时，已在她死之后。"云云。此外并闻，尚有数十佛像亦已运往英国而去。

3月8日之日记

　　现在好像是因余在此办事得法之故，反将罚余在此多住几时。盖此间人士之意，皆以为华人只是怕余一人。因此，时常都可听见人说："联军撤退二万或三万，其实都无重要关系，只要统帅本人尚留此间。若彼一旦去此，则华人立刻兴高采烈，放肆起来。"云云。但余现在所不敢担负者，即吾军在此再行埋葬数百，以及再行护送若干（废兵）回国。故余特于今日致电皇上，谓战费问题亟应从速开始讨论云云。

1月19日威廉皇帝由柏林致瓦德西之信^①

当余受联军各国之托，以直隶方面外国军队总司令职权授与阁下手中之时，余固深知，余所付君之重任，即或除开纯粹军事方面完全不计外，尚有无限非常困难发生。自彼时以来所得之各种经验，以及阁下屡次寄余之各种报告，皆足以证明余之预料不错。至于阁下尽力设法胜过一切因与各国共同动作所发生之难关，以及解决一切涉及政治方面之难题，皆能使余十分钦仰。阁下所奉为标准之视点，譬如对于凡可使余政策受其妨碍者，皆小心设法避免。其在英、俄两国利害相反之间，又能严守中立，专以军事论点为前提，真是一点不错。余甚希望此后以及直至对华军事行动终结之时，阁下皆能办到勿与联军各国之军队发生严重龃龉，对于已经产生之争端加以圆满调和。此种希望，实从余信阁下为人及经验之心，所油然而生者也。

自从中国暴动党徒及中国正式军队，既已表现毫无能力对抗在直各国军队。而且中国全权代表对于联军各国议和条款，又已无条件地接受，则大规模之军事行动，在此间恐不复有。所余者只是派遣小队以任出剿安抚之事而已。因此，君之责任却尚未完全终了。此外，逼迫中国从速履行议和条款，以及值此现正开始讨论条款详目之际，对于华人最喜玩弄之推

---

① 此谕似在3月间接到，故书中将其列在3月8日之后。——译者注

宕手段加以抵制，皆需施以十分武力压迫。而此项武力压迫，又必须立于统一指挥之下。换言之，必须立于阁下总司令之下，然后始能奏效。假如各种会议皆有圆满进步，而且履行条件一事，亦已郑重开始，以及此后继续实行各种约言，虽用微小武力压迫，亦可如愿以偿之时，则阁下个人与夫未负暂时驻防中国使命的一部分东亚军团之归期，于是乎至。

（瓦德西附注：余以为联军各国一俟中国方面正式宣言，承认赔偿确数若干之后，则可将直隶境内军队先行撤去一部。而且为谋各国军队自身利益计，甚至于实有撤去之必要。倘若必须待至支付赔款方式业已议妥之时，然后开始撤退，则其期间至少尚有数月。并且困难之点，极少产自华人，而在列强自身不能一致。1月21日余曾以此意向德使穆姆先生言之。余之为此言也，实细心观察之余，觉得使团方面之进行，真是缓慢不堪。而且此种缓慢进行情形，更以下列环境之助，愈易流于拖延——其中常有数位公使先生，极为暗自希望，此种甚与彼等有利之占领，务使其设法拖延下去。彼等不敢稍下决定，只是借口必须先行请示本国，然后再行慢慢等候回信。）

阁下所筹思之占据烟台一事，假如中国北方局面不再趋于险恶一途，则无实行之必要。盖因由此所得之比较微小利益，其势将为因此所酿成之政治危害，尤其是延长吾国东亚用兵之时期，以及易与列强惹起纠葛之危险等等，弄成得不偿失。因此之故，关于烟台一事，尚请阁下先行静候余之命令。

又令人不快之华北铁路问题，甚希望其间业已按照余之电令了结，我们业已解除责任。计该项电令，当在此信之前先行到君手中也。英、俄两国关于该路之纠葛，我们固早已知之，但我们责任却不在将此纠葛根本扫除。至于英国投资所建之铁路，不应随便被人夺去一事，固不仅是照理应该如此，即就吾国在华政策而论，亦复完全相合。盖在东亚方面，德俄两国占领区域之间，甚以保留一个英国利益地带为佳也。但余却不愿专为英国谋利之故而挺身反对俄国。因此之故，关于铁路问题，英国若与俄国互相详细争辩，乃是英国本身之事。我们至多只能做一诚实掮客，对于居间努力的效果究竟何如，当然不能负责。阁下对于此后解决各项悬案之时，务宜设法注意，总以勿因军事行动有损私人权利为佳。

关于阁下是否应乘归国机会一往日本游历之决定，余现在尚需保留。

威　廉

（下列数行，为德皇亲笔所书之附笺）

信中所述事实系由最近政局脱化而出。烟台暂时可以不必放在眼中。阁下在会议期间，对于远征队之安排，恰与余意相合。多谢阁下见赐之祝语，并于当日如时收到。此次庆辰在良好天气之下经过，备极一时之盛。余现在正拟赴英，因余之可怜祖母，其健康情形极为可忧，故也。

3月9日之报告

皇上陛下饬令船长帕盛带交之本年1月19日上谕，已于昨日到余手中。

陛下命余勿占烟台一事，实令余不胜喜悦。因余之意见，亦以为如果占领烟台，或将发生种种难题，实不值得一为。余已于本年1月12日之奏议中，略为提及。

和议之事在最近数星期中，可惜无甚进步。欲求十一国意见皆归一致，诚非容易之事。但余却以为此间使团（如果真正努力），成绩当不应止此。关于使馆区域之界限与堡垒，使馆防卫兵士之多寡，以及中国赔偿教会及私人等等之款子数目，各事本可于旧年以内将其议决，今年1月1日即可提交中国议和大使者，竟乃直至现在，犹未一一会议竣事。因此之故，华人之埋怨列强，不为无理。盖华人常谓，中国方面深苦不得闻悉，究竟联军各国所欲向彼要求者为何如云云。余对此事，亦认为极有从速解决之必要。所以今日曾电请陛下，早将最为重要之赔款问题明白指示。据各方消息皆云，现在西安皇室方面，和平派甚占优势。但吾人不可不加以注意者，即国中希望继续战争之徒，势力亦复不弱。趁此和议迁延之际，不难再使性质懦弱之（中国）皇帝，受其势力影响。

就现在情形而论，武力压迫之举，实不应为，盖华人方面，固未尝有拒绝接受要求之事也。倘若将来果有实行武力压迫之必要，则其堪作此举之适当季候，系截至5月初间而止。从此以后之天气情形，最易有损军队健康。所有伤寒下痢两症，至今尚未完全衰灭者，更将继长增高。至于可以实行攻击之唯一方向，为余现正筹计者，当系山西南部及河南省。但此事必须先设一个防线以御山东，方可举行。尤其成问题者，现在所有军队是否足敷支配。盖（英国）将军阿尔弗雷德·盖斯利爵士只有四千人参与攻取之役，而且彼曾向余声称，不能越出直隶境界以外。此外还有一事不可不加以考虑者，即联军各国之结合，实际上本已十分松懈，今若对华采取严厉攻势，联军各国之间，是否更将因此意见分歧，不能团结。盖联军各国方面，大多数皆希望对华战争只以直隶境内为限，显然与余立于相反地位也。

余再三熟思之后，以为当此会议进行之际，所有手下兵力，其中尤以铁甲舰队为主要元素，皆当作为一种恐吓工具看待与利用，以促和议从速结局。（法国）将军华伦与（英国）将军阿尔弗雷德·盖斯利爵士，因气候不利之关系，甚为反对大部军队驻过五月中旬以后。此外该两将军又因中国、印度海洋风浪之故，以为六、七两月运输兵队极感不便，令余对于此事，特别加以注意。

3月11日之日记

　　从保定开向山西境界之侦察队伍，到处皆把敌人打得奔向境外逃跑。华人方面留下快炮四尊，尸首二百五十，并被吾军追入山西境内三十公里之遥（约合六十华里）。余以为此事必有很好效果，因山西巡抚从此对于我们军队，亦复熟为相识。倘若一任余性为之，则余将利用此种胜利机会，派遣少数支队，一直开入山西境内。但余在此间，每一举步，辄为可厌政治所阻碍。

3月13日之日记

　　午后余曾到（法国）将军华伦处，彼对于会议进行之拖延缓慢，亦复深感不快。彼曾告余，彼常奉到本国政府命令，对于华人无论如何勿采攻势。换言之，倘余若有攻取行动，彼将不能参加。余甚相信此事必受有俄国方面之影响。

3月18日及19日之笔记

（时在奥古斯塔皇后号巡洋舰上。）①

余从电报上，得知（德国国务总理）比洛伯爵曾在国会中宣言，谓联军各国政府曾明白表示，希望联军总司令部留驻中国，直至条件业已履行或履行已有保障之时，云云②。

此项电报恐非详确。因法、美两国一定未曾表示此种希望，而俄国方面亦恐未必有此表示。至于余必留此以至中国给出履行条件确实保障之时，当然无所用其反对。而且此种主张，对于余之个人，亦复不胜奉承恭维之至。但彼辈至今不能决定速将条件交与华人，此则余所不能了解者也。现在此事之咎，已不在此间使团方面（使团方面前此对于各种微小问题之进行，诚然亦复迟慢不堪），而在（各国）本国政府方面。余在此地，对于此中真确情形，实未敢加以评断。

当余在塘沽登陆之时，英、俄两国严重冲突之消息，遂向余迎面而来。英国方面曾在天津车站旁边地基之上安置铁路轨道，盖该国之意，以为此项地基所有权，系属于现在由彼管理之铁路名下，故也。其后俄人旋

---

① 瓦德西曾往青岛、烟台一次，此项笔记系在从烟台到大沽之归途中所作。——译者注
② 3月15日，德国国务总理因要求议院通过中国远征队第二次兵费一案，曾宣言曰：我们并不欲将总司令部作为延长保留，只是适应时局上之必需，与列强间之希望而已。倘若上述两个前提一日存在，则瓦德西伯爵仍将继续行使其职权，一如彼到现在之处事坚定，行军超卓，云云。——译者注

到该地，插上彼之国旗，并宣言该地系属于彼，曾与李鸿章订有合同，云云。（英国）将军坎贝尔与（俄国）将军沃加克，皆到车站向余解说，各自述其理由，以及对此不能让步之情形，云云。余只得向彼等说道：此项问题之于余，太新鲜，太复杂，余实不能立刻下一评断，余必须先行研究一番方可。

3月20日之笔记

（时在北京。）

英、俄两国之冲突已达极盛之点。两国方面，尤其是英国，皆各增派军队赴津。据云，英国战舰已由扬子江口驶往大沽，现正在途中。假如俄国方面欲由满洲抽调重兵乘坐火车前来，则英国方面当加以拒绝。（俄国）将军沃加克——彼诚然现在尚未接到圣彼得堡方面之训令——向余言曰：此次事件，关于法律问题者实少，盖法律问题，吾人固可静待解决者也。其重要之点，乃在侮辱俄国国旗，对于此事，非实行赔礼不可。此次联军国家特在天津向着世界表演之戏剧，可谓实在不佳。许多好奇之人，特到竞争地点去看，俄国哥萨克兵与英国站岗军士，彼此如何仇视对立，以为取乐消遣之道。在第一日之中，尚有许多已经吃醉之俄国军官加入其中，拔出指挥刀，东倒西歪一顿，直至请了沃加克将军前来，始将彼等撵走。

此地各位将军盖无不深以军队纪律备受此间情形影响为叹。所有兵士之居处状况，又复不易严密监督。做事甚少，给养极丰。至于德国军队，现尚继续出发前进，而且一部分系含练习性质，务使不流于逸。我们兵士在此当然十分失望，盖彼等之来也，常抱一种激昂气概，甚愿实地参与战事。而现在则战争既未多遇，环境亦极不佳，而且身居令人难表同情、最为彼等鄙视之居民中间。因此之故，余每闻大多数兵士，欲于兵役年限满期之后，仍回国内而去之语，殊不以为奇怪。假如此间果有真正战事发生，则彼等当然甚愿全体留此不去。可惜余在此处有不能已于言者，即我们兵士将来回国之时，其品行当不能比较出国之日为良。彼等在此，日见放肆野蛮强劫斩首之事太多，而且因与其他各国军队来往之故，不免竟与许多恶劣分子相聚。

现在和议黑暗前途之中，毕竟放出了一点光明出来！此刻我们已经知道，究竟德国方面所要求之赔款数目为何如。余思此后一切问题，当可迅速向前进行。

3月21日之笔记

　　上半日之时间，余全为解决英、俄争端一事所费去，但此事终算侥幸成功。（俄国）将军之为人，甚为明达；在此又足以证明，与彼谈判，实远较与（俄国上校）Engalitschew 谈判为愉快。该将军系乘特别专车由津来京。（英国）将军阿尔弗雷德·盖斯利爵士现在旅行中，其代表为巴罗将军。沃加克及巴罗两人，曾经先后与余之参谋长谈判良久，其后余乃引领沃加克将军来与巴罗将军相会。其间适接柏林方面来电，谓英国甚希望我们善于调理此事云云。因此更使余之（调停）职务，愈易进行。其结果办到，关于法律问题，主提开划出，直由外交方法解决。至于英国侮辱俄国国旗一事，余谓英国方面当非有意为此云云，（英国）将军巴罗亦极以此说为然。此外尚有误解数事，亦皆加以适当解释。于是沃加克乃宣言，倘若英国方面先行发出撤退哨兵命令，则俄国方面将于明早5点钟撤去站岗兵士，云云。余遂对于该两将军之决断，特别致其庆贺之意。其后早餐之时，我们皆一致以为，究竟我们军人办事远较外交人员为速。

3月21日之报告

　　皇上陛下，现在余将青岛之游，敬谨报告如下：

　　余逗留青岛，系在十六、十七两日。当余视察军队及建筑以后，更欲对于该处港口以及殖民地之进化情形，得一明了概念。其间令余特别欣喜不置者，即据余所得印象，胶州殖民地之进化，并未深受去年中国乱事之碍，现正繁盛向上，可以达到陛下之期望。至于德国重大舰队永驻东亚一层既为事实所不能免，而同时长江方面又将永为政治商业之焦点，因此，德国之有青岛，对于海军方面，可谓得着一个十分优良重要现在已可利用之军事基础。若再加以修筑，则青岛可成一个军港，具备一切条件。关于青岛是否可以成为商港一事，现在议论尚属纷纭。但余之意则以为青岛将来可成为一个极有希望之商港。即或我们对于烟台大宗商业预料将为青岛吸收一层现在暂且存而不论，青岛前途亦复希望无穷。此外，从前办理不善之捷成轮船公司，近来业已移并于亨宝轮船公司，该公司之经理巴林，适与余同时滞留青岛。更加以扩充该港航业一事，业已拟好计划，于是往谒青岛之人因此愈为便利，而商业关系当然亦将由此促进。从前对于青岛地方有碍卫生时常引以为忧者，现已渐渐开始不成问题。盖一方面既竭力施行几项卫生条例，而他方面又寻得卫生饮水，不久即可取用。所以预料今年健康情形将远较去年为佳。至于该港附近大造森林一事，现在虽然尚有若干困难，必须加以奋斗，但余以为只要忍耐几时，终可一定办到。而且森林既成，当于健康方面发生良好影响，从前香港方面亦正如此。现在铁路上之工人车辆已可开至胶州，预计该路不久可以达到高密。因为山东省内平安无事，以及该省巡抚袁世凯努力维持秩序之故——该抚于最近六个月以来，曾杀戮暴动分子四千人左右——所以办理铁路矿山事业之人，皆甚相信继续工作进行之有望。又大港及小港之完全筑成，尚需若干时日。更因近来在小港方面，发现几处地面之下积有岩石，必须花费一些劳力方能除去。中国居民渐渐开始适应新环境，供给彼等许多从未料及之赚钱机会。今年此地中国新春庆贺情形，最足以表现一般幸福有加之真相。其在居留青岛之德人方面，无论其为军人或非军人，余皆觉得一种朝气活泼、充心信任、爱护祖国之象到处弥漫。就余经验而论，此种现象实为所有居留东亚方面全体德人之一种反照。彼等因陛下实力干涉，输送如此海陆大军来此之故，无不自觉扬眉吐气。余认为此种现象，不久将使贸易事项为之促进，企业欲望为之增长，毫无疑义。至于驻扎青岛之军队，余皆觉其情形甚善，健康亦佳。

在余驶向大沽之归途中，曾泊烟台，并在该处逗留数小时。防守该港之两个要塞，直到现在每个要塞之内，只有两尊21生丁①大炮，三尊15生丁大炮，以及一个大队之众，但实额至多不过二百人数而已。余以为攻取该处要塞，即无铁甲舰队之助，亦复不感困难。譬如我们攻击目标，先向其中一座易于围攻之要塞，不要先打东边那座高塞。至于青岛方面既已日趋发达，则烟台之重要意义，亦将同时随之递减。因此，究竟烟台之于德国是否果有重要价值，余甚为怀疑。

---

① 大炮口径，21生丁即210毫米（15生丁即150毫米）。——编者注

3月23日之报告

当英、俄两国冲突之时，赖双方军队维持，尚能将秩序始终保住。反之，近来驻津英、法两军间所起之仇隙，则其情形却甚为严重。

该处英、法两国租界彼此相接，并无显然边境。法国兵士常到英国租界之内，尤其是星期日下午，做出种种不端行动。彼等时常列成长排，互相牵握共向大街而行，全途为之占去。所有迎面而来之人，必须改向小街而行，或者转身回头而去。英国驻津卫戍营统领坎贝尔将军，竟有一次身遇其事。彼乃向法国步兵联队卫戍营统领苏阿尔上校提议，以后法国兵士，如无公事，禁止前往英界云云。盖英国兵士不得无故前赴法界一事，固已老早实行也。苏阿尔上校之为人似乎略欠魄力，对于此项提议，深恐彼之部下引为奇辱大耻。反之，（法国）将军华伦一闻此事之后，立即派遣大批宪兵来津，帮助实行该项禁令。

虽然如此，而本月17日（系星期日）终竟发生一场严重骚动之举，其性质几乎成为一种法国兵士反抗自己长官与其命令之叛乱。其在卫戍营中之海军步队方面，对于一切集会暴动之事，尚能洁身远引，未曾参加。反之，驻扎该地之两个步兵大队，其兵士以巴黎人为最多，是日结队穿过大街，口中狂呼："法绍达！"[1]"打倒英国人！""布尔民族万

---

[1] 此系北非地名，英国曾从法国手中夺去。——译者注

岁！"①。英国军官格里尔森上校等等，因从车站前往英界必须经过法界之故，途中备受（法兵）辱骂，用石投掷，甚至于向前实行攻击。并有大批法国兵士重新侵入英界之内，直至宪兵巡哨前来，将其逮捕押解而去。在英、法两国兵士之间，曾屡次痛打其架。至于英人方面，似乎有心竭力避免应用有色人种军队抵抗法国兵士，而且预防将来再被此项顾忌所限制之故，特调英、澳军队六百左右来津，此事已于本月 20 日第171 号电报之内，恭奏陛下。

（法国）将军华伦既从（英国）将军巴罗之通知，得悉此项事变之后，立即道歉不已。并派素有魄力之（法国）将军白劳德赴津，速将法国卫戍营中之散漫纪律重新整顿起来。又法国旅长将军本系驻扎保定，此次适因事来京，故得奉兹使命。

余希望今后类似此项之丑事，而且专就华人方面所得印象一点而论，已属极可惋惜之行为，当可不再发生。

---

① 此系南非民族，曾与英国血战者。——译者注

3月23日之日记

　　近来荷池（北海？）北端，法军所驻美丽庙宇之内，曾失火一次。法国军队当时所持之态度，实令人不敢满意。盖冬宫方面当日曾立派救火队伍，持救火器械，以及许多兵士前往。当其我们士卒方用全力救火，并继续工作之际，而法国士卒方面，旋即怠于努力。于是法国高级军官，遂静视其部下之安坐吸烟，以及德兵之卖尽气力，不复加以过问。只有一位法国下级军官，曾经勇敢向前努力救火。后来（细细探听）乃知该军官是施特拉斯堡地方之人①。

　　至于法国兵士之在街上，其态度却极良好。因为余住在法国区域近旁之故，所以每次骑马或乘车出行，时常遇见许多法国兵士，经过许多法国岗位。彼等甚为细心注意，而且努力做出整顿之状。此外彼等亦无不识余甚熟。我们军士在此，当然常与他国军士来往，但其中却最喜与法人交游，因彼此（语言）易于了解，故也。我们军士之中，间有能说几句法语者，而法军方面则有许多极懂德国语言。在法军之中，颇多阿尔萨斯、洛林两州之人以及德国逃兵。彼等初在（法国）之外籍军营中服役，其后则编入殖民地军队之内。

---

① 施特拉斯堡为阿尔萨斯州之首府。——译者注

3月24日之日记

　　昨日余曾将拍电柏林一事[1]告知（德使）穆姆先生。该电（系由余直接寄与皇上）对于和议之迁延及其影响，有所论述。穆姆对余此举，似乎不但不见怪，并且甚欢悦，此实令余欣喜不置者。

---

①请参看下列一段上奏德皇电文。——译者注

3月23日恭上德皇之电奏

　　根据余之详细观察，有不能不为吾皇告者，即虽经陛下公使之不断努力，而和议之事至少尚有数月迁延。倘若进行速度之慢一如今日不改，尤其是倘若各国公使对于不关重要之问题，亦以先向本国政府请示之故，每每拖宕许多星期之久。又英国公使（厄内斯特·萨道义爵士）方面，似乎有意欲将和议进行特别迁延。有许多问题，如使馆保卫问题之类，在数月以前即可议妥者，而现刻仍在委员会讨论之中。中国议和各大使对于迁延一事，实无过错之可言。而且彼等甚希望从速议结和约，更相信只有吾皇陛下出来建议，和会条件始可克日提出。此外，彼等深惧长此拖延下去，反对党或将在（中国）皇室方面，复占优势。并闻李鸿章之意，倘若到了五月中旬，尚不能大体议结，则彼将利用联军因气候关系届时不能实行大规模军事行动之机会，设法拖延和议，以冀达到较轻之条件。联军之战争费用愈增，则中国之履行能力亦愈弱。余以总司令资格，更不能不上奏吾皇者，即各位将军对于彼等部下之久留于此，既无何等工作可言，又近不良气候时节，无不引以为忧。

3月26日德国国务总理之复电

　　陛下曾命余对于阁下第175号电报加以密复。陛下现在已令殖民监督施蒂贝尔立刻前赴伦敦，以便与英国政府口头接洽，促其对于赔款问题努力进行。施蒂贝尔既深悉中国情形，当能对于英国方面反对增加关税之议加以辩驳解释。

国务总理　比洛

3月26日之日记

　　每个公使皆深知本国政府所欲要求之赔款数目，但对于彼之同事（各国公使）却不肯先行表示出来，此真是一种小孩捉迷之戏。在各使之中，只有法国公使（毕盛）一人，真正帮助（德使）穆姆先生。至于英国公使方面，余现在渐渐相信，彼当接有本国政府命令，令其故意迁延此事。

　　天津方面，英、俄两国冲突之事，现在尚未完全归于静息。余设法苦口劝解双方，为之调和。

3月28日之报告

现在此间军事方面甚为安静无事。近来曾经电奏陛下之派遣小队出发一事，只是专作剿匪之用，而且几乎全系出于本地居民之请，并得地方官厅之同意而行之。所有此项出剿之事，自数星期以来，专由德国远征队方面担任。其他各国军队，则静驻所在地点，对此颇为消极。至于派遣大队出发之举，现在实无必要之可言。中国军队所持之态度极为正当冷静。此外因为列强压迫之故，中国议和大使现已表示情愿接受一切条件。倘若我们再做各种军事行动，实将无以自解。

3月28日之报告

皇上陛下，余在本月23日电报之中，对于此间和议迁延情形，曾经冒昧上奏，以冀吾皇注意。今日余从国务总理来电之中，得知陛下已派殖民监督施蒂贝尔前往伦敦，以促英国政府对于赔款问题努力进行云云，实不胜欣喜之至。以陛下之大力干涉，诚然必有效果无疑，但此后英国政府关于和议之行动，亦殊有继续注意之必要。

据余逗留中国六月之观察，以为英国方面对于和议进行，实有意使其拖延。因英国与俄利害极为相反之故，所以英国甚欲与彼同隶一个统帅之德国大军，久留于此，并且对于俄国——至少在中国境内——表示一种英、德联盟之意。（英国）将军阿尔弗雷德·盖斯利爵士就大体而论，并非不欲（自为门户）独立行动者，彼对余只作表面上之奉承而已，但一旦与俄发生争端，则彼立即承认余之统帅地位，求余帮助，而且有时仅系一些不关重要之事。余对此有必须加以特别注意者，即勿使俄人疑余，故意袒护英国利益。

余尝见法、日、美三国公使及将军方面，屡屡表示希望对华和议五月初间左右了结，可以从此撤退北京，大为减少驻防人数云云。反之，余察（英国）公使萨道义之行动，以及英国军队之准备，皆不能发现其具有从速撤退之意。

东亚方面，尤其是直隶省内，英、俄利害既极为相反，所以余深恐吾德将因驻有德国远征队于此之故，陷入争端旋涡之危。以是之故，余认为撤退或大减德国远征队一事，只需和议情形一旦容许为此，实有立即着手之必要。除此之外，尚有其他重要军事原因。至迟不出5月15日，热度行将升到摄氏寒暑表三十度，有时竟至四十度。从6月15日起，在此不断炎热之中，照例更将继以降雨时节，对于军事一切行动，几乎完全不能实行。据医生意见，下痢之症行将与炎热气候同时发生，其后更将益以伤寒之疫。在此期间，尤以北京、天津、保定之卫戍，最为不适卫生。一部分军队，虽然可以设法移驻地势较高之地方以为预防，但上述三城终须常有重兵驻扎。

所有各位卫戍将军皆以为，军队久驻此种大多数设备不周之营舍，而且动作太少，给养过丰，对于兵士之精神，实为有损。近来各国兵士冲突之事日多，即其象征。法国军官每以兵士纪律日弛为叹。余对于德国军队之能（自始）至终保其令名，虽无丝毫疑惑，但余亦有不应缄默弗言者，即兵众道德方面，因受此间环境影响之故——彼等身居素为彼等贱视而且面目可憎之居民中间，又常与道德极低之各国兵士往还，不恤人命，不尊重他人财产等等——渐蒙其害。此外德国各项军队随时皆在能征善战状态之下，对于一切职责，皆能胜任裕如，更无不一致希望杀上前敌而去。现在与敌接战之事，既已似乎完全无望，于是一般兵士遂渴欲还乡。其中表示最为明显者，即两万兵士之中，便有一万七千人，对于兵役年限期满之后，不愿再行继役。

3月28日致参谋总长施里芬伯爵之函

余对阁下有所不敢忘却通知者，即余在今日恭呈皇上陛下之报告中，对于德国远征队久居直隶一事，颇以为忧。在政治方面之原因，则系英国欲使吾人与俄发生纠葛，而冀德军久驻此间以达目的。就余观察所得而论，英国之所以故意迁延和议，全由于此。

现在中国皇室既已有意言和，中国和议大使又复诚心谈判，向使联军各国早将条件提出，则和议之事此刻当已告竣。至于华人此种诚意是否可以继续保持一层，余以为如会议长此迁延，实系一个疑问。盖国中尚有一种主战派竭力施其阴谋，并料定列强之间不能永久一致。近来英、俄冲突，更使此派重新充满希望。

在军事方面，余最为忧虑者，为不适卫生之季候，行将届临。据医生观察，下痢及伤寒两症，不久即将发现，当使我们饱受损失。一直至于九月初旬，所有一切军事行动，几乎均不能实行。假如必须实行，则余将究向何处前进？其第一个目的地，当然为山西。但该省之内，现正饥荒流行。占领之后，对于中国政府仍难使其感受何等影响。若再行前进，则兵力殊嫌不足，而且多数联军各国，对此势将绝对不愿合作。当余最近准备攻势之时，余所能调用者，只有德国十一个步兵大队、四个骑兵中队、四个炮兵中队，总计至多不过九千人。其次则为英国三千五百人、意国一千五百人。换言之，合计起来，至多不过一万四千人。而且每向前面进行之际，沿途皆须设立兵站，人数只有愈往愈少。届时对于指挥一职，余必须亲自担任，余亦诚心甚愿担任。但各国对于此举，是否认为与余之地位相称，则实是一个疑问。

现在军队在此所做者，只是偶尔担任剿匪事宜而已。如此种情形继续延长下去，则总司令一职，在熟识此地实况之人，当已不复认为重要。又现在俄军已难视为受余指挥之兵队。假如余欲命令彼等去做比较举行阅兵典礼稍为严重之事，彼等似乎竟将拒绝服从。在法军方面，则曾奉有（本国政府）命令，勿做敌视华人之举，对于余之军事进取行动，绝对不愿参加。此外日军方面，亦曾奉有（本国政府）命令，勿越北京以外而去。换言之，即是勿做敌视华人之举。至于美军方面，则正预计四个星期之后离开中国。因此之故，受余指挥者，只有德国军队，只准用于直隶境内之三千五百英军，以及意、奥两军。

余所惧者，余在此所据崇高地位，曾使德国尊严为之增高者，必将渐渐萎缩下去。

又总司令部尚有一个弱点，即完全以余个人为其基础是也，并未设有代余行使职权之人。若余一旦不在，则总司令部亦即根本取消，此实应请加以注意者也。最近余曾冒昧致书阁下，谓余之健康情形，究竟久居中国有无损害，颇是一个疑问云云。现在余更当敬向阁下补述者，即余近已觉察，余之健康情形，经此七月以来之繁务，实已大受损害，其势将为中国夏天完全断送。因此之故，如果总司令尚有在华多住几时之必要，对于此事，似宜加以顾及。余敬托阁下，细将上述情形奏明皇上陛下为荷。

假如和议程度，果已办到中国方面对于列强所提出之赔款数目，业已正式承认，则鄙见以为驻防军队大为减缩之时机，实已届临。至于中国方面实行支付现金赔款一层，当然万无其事。事实上所能办到者，只是抵押关税或直接付利两途而已。为保证此项问题勿受停滞起见，可以组织一个联军小队，暂驻天津、山海关以及沿着开往北京之铁路即足。余以为只要一万人数即已十分够用。此外再加上驻扎北京保护使馆之军队二千人左右。其在大沽及山海关方面，同时再行停泊战舰数艘。假使中国政府对内果已恢复威信，而且极愿尽力保护外侨，则除使馆区域警备队以外，其余一切军队皆可从兹撤去。

3月28日之日记

　　我们（驻日）东京代办韦德尔伯爵曾经向余通知，谓日皇预计余将游日，届时彼当以上宾待余，而以著名之幕府将军宫为余驻所。据云，外人足迹曾到该宫者至今只有大侯爵海因里希亲王，以及另一欧洲亲王两人而已。余因此事带有政治色彩之故，特向皇上奏明。其后余接皇上复谕，对于此事之裁定，现尚保留未决。

4月1日之报告

　　英、澳军队前来天津一事，余已于3月23日报告末段中奏明陛下。自彼时以后，该处德、英两国兵士亦复常有冲突之事发生。据余所得各种报告，以及一切合法调查，皆以英国军队方面似乎负咎较多。现在双方均已设法预防此项事变再行发生。尤为可惜者，即华人方面对于此事极为注意。彼等从各次事变之中，乃推定联军之间，业已不能一致，亟思有以利用之。此外前此曾经报告陛下之驻津英、法兵士激烈冲突一事，亦复发现德国兵士常有数处袒护法兵方面之举，至为可惜。

　　李鸿章曾将中国兵队之防线形势制成报告给余。余为审查此项报告之真伪起见，曾派开花炮火药队指挥官奥斯特洛夫斯基正军校，从天津出发前往考查。该军校在天津西南界线以外之各城中，果然发现小队华兵。但同时却又探知彼等驻扎该处，态度确极冷静。每遇拳党出现或匪徒横行之事，则向前加以剿灭。此外彼等对于该地牧师，亦极为相洽，而且尽力保护中国教徒。又山西边境之马将军，与天津西南之中国人，无不认为和平休战之事，已自3月中旬实现。中有一事足以表现此间情形者，即奥斯特洛夫斯基正军校曾有数次行近中国防营之时，该营兵士特为整队出迎，致其敬礼。

　　天津方面，英国曾组织招兵事务所一处，招募华人编入威海卫中国联队，其结果极佳。英国利用华兵之经验，似乎远较胶州方面所得之经验为佳。甚至于威海卫中国联队之一部，于占领天津之役，即已奋力与其本国同胞相战，此固为一般英国军官所同声承认者也。至于胶州方面所得经验不甚良好之故，或系由于所募本地兵士皆是附近各乡之人，于是彼等不免常受亲戚关系之影响，故也。

在各国联军之中，德国远征队最引人注目。但各国军队直至今日仅于举行阅兵之时，一见德国队伍。所以余在3月30日，特令全部驻京德国军队开到该城南面皇室猎场（海子）之内，举行战斗实习。各国军士前往参观者甚众，尤以日本军士为最。①

---

① 瓦德西3月30日之日记有云：此间各国公使对于日本虽不甚加以重视，但该国却值得吾人特别注意。余所能评鉴者，当然只限于军事一面。该国军队极可令人注目，其精干之处已为此地各国人士所公认。前此占领北京一役，实全靠日军之特别努力。该军之组织与操练以及用兵之原则，皆系仿自吾人，彼等亦常自承不讳。因彼等尚欲深造之故，特向此间吾军各面加以根本研究。我们海军将校亦极承认日本海军之能力。该国海军在东亚方面业已构成一个极可令人注意之要素，此乃俄国方面所最感不安者。——译者注

4月2日之日记

　　余从（德使）穆姆先生处，得悉殖民监督施蒂贝尔伦敦之行，所谋已遭失败。彼之赴英也，系欲游说英国赞成加增中国关税，但此事完全未达目的。英国拒绝此事之原因，当然系增税结果，外国商人至少必须担负一半，而各国对华商业又实以英国为最大。

4月4日之日记

余曾访晤（英使）萨道义先生甚久，彼深以至今未能得悉彼之本国政府究竟对华要求赔款若干为叹。彼向政府请示，现在已有三星期之久矣，云云。但此项问题固非数星期以来始有之事，乃系三个月以前即有之事。此外余在谈话中间，亦复觉察和议之迁延，实系英国首负其咎。究竟英国何以如此，余当然莫名其妙。余极劝萨道义先生，尽力从速议结和约。

4月6日之日记

　　因应外交团之申请，余特于今日召集联军各司令会议，条陈实行和约八、九两款之法。该两款条文所规定者，系关于北京到海之交通安全，以及拆毁大沽炮台与一切有碍京海交通之塞垒等事。此次会议时间仅历两小时之久，所有余之提案皆一律通过，而且一如余在1月之中所草拟者。唯俄国代表沃加克将军声称，俄国对于此事不愿参与，只在北京方面留驻三百兵士，以为保护使馆之用。此外山海关方面之现有防军，照旧留守不撤而已。（美国）将军查菲则宣言，彼将于5月1日与其部下——除开留驻北京之一百五十人外——离华而去，云云。余对于其余各位将军，则未尝一耗劳力，即已使其一致，换言之，法、英、日、意、德五国，共任保护铁路之责，其所需人数约在二千五百左右。其中最有趣味者，即俄、美两国完全与其他列强分道而驰（但该两国对于和约中之保护铁路一事，却又常在赞成之列），以及法国不附俄国主张是也。若就（法国）将军华伦语气而论，甚至于含有若干反对俄国之意。盖该将军曾言，法国对于此种既已着手之工作，实负有助其完成之义务，云云。

4月7日之日记

　　余近来渐觉和议进行之迁延，英国公使实首负其咎。但余尚未十分确定，究竟此种迁延，系该使依照本国政府训令而为之欤？抑系该使资质迟钝，更加以官僚法吏之麻木习气、年纪老迈之鳏夫情怀种种弱点，致令如此欤？现在余乃大为明了，该使实奉有本国政府训令，令其故意迁延；同时又因该使个人性质迟钝之故，恰好助成此种延宕之举。又该使对于此后和议进行，曾向其他各使提出一种说帖，其中充满不切实用之理想与颠倒错乱之见解，可谓出人意外之至。余曾命人替代（德使）穆姆先生，草拟一篇复牒。余甚希望此项复牒，得到（英使）厄内斯特·萨道义爵士之手。英国因仇视俄国之故，甚喜我们在此充当彼之盟国。以是之故，彼亦甚愿承认余为统帅。我们留此愈久，则英国愈为欢喜。数星期以来，常使余特别感觉者，即英国将领对余极为殷勤侍候，并甚愿特别表示彼等隶余麾下之意，实与当初态度完全不同。但余对于英人忠实，却不如此容易相信。因余在此，对于幕后情形，时常加以注视，故也。

4月8日致德国驻京公使之函

敬谢阁下见告1901年4月英使厄内斯特·萨道义爵士递交北京外交团之说帖内容。余对此项说帖,曾有下列数点意见,兹特敬谨呈送阁下。究竟余之意见,是否应在外交团会议说帖或其他机会之时提出讨论,余敬请阁下代为审度决定。

该说帖之中,首令余注意者,即其主张今后和议应与中国代表舒缓向前进行,而对于军事方面,则未尝顾及。余于昨日抄寄阁下之致北京外交团首席(西班牙公使葛洛干)一文,其中曾经表明,北京、保定撤兵之举,以及开始运兵回国之事,或赶于6月15日以前着手,或者展至秋间实行。如展至秋间实行,则战费势将与日俱增,自无待言。此外尚有一层危险,譬如天津事变业已昭示吾人者,即各国军队既已长期无事可做,而又互相逼处狭小区域之内是也。但危险之事尚有更重于此者,即夏季之中,联军身命与健康行将大受迫害是也。盖炎暑之季,传染疫病之发生极为可虑,尤其是北京方面。因该处去年曾有许多动物遗骸、死人尸首,丁掩埋之时未尝施以充足防疫方法,故也。现在此种情形如再延长下去,则虽用各种军事条例减少一切灾害,而此刻身体尚属健全之兵士,仍将日趋损坏一途,此则余所深信不疑者。换言之,此种责任实不容易担负。至于现在中国皇室方面之有意履行条件一事,或因会议迁延而动摇。甚或列强坐视此种良机而不用,其结果对于大多数或一部分联军各国是否有利,此则余所不能加以评判者也。要之无论如何,华人与吾人方面,盖无不深悉从5月中旬至秋季之间,不能实行大规模之作战计划。即或届时虽有若干列强自愿将其军队听候调遣(亦复无用)。又此刻局势,对于中国皇室方面或有感觉不便之处，而对于中国居民方面，则已不复再有特别压迫之感。盖彼等各种赚钱之机会，实远较太平时候为多也。

复次，余对于该说帖中与军事有关之各点，再行详论如下：该说帖以为所有地方上之法律、民政、警察事宜，应以交还中国官厅为善。至于军队则不妨续驻下去，而以执行卫戍职务为限，云云。吾人若从军事论点出发，此说实无可持之理。盖军队占领外国土地之后，其地之一切民政事宜，照原则上时常落于占领军队之手。此事在1899年海牙条约"关于陆战之法规及习惯"，亦曾特别加以承认者也。至于外交方面之托辞，谓联军实际上未尝与中国开战云云，与此实无关系。盖果如此，则联军军队前此常将中国官吏之警察或行政事宜置于自己管辖之下，真可谓为奇怪已极。此外，该说帖中所述之理由，谓宜令中国官厅方面，得有机会以表示其具有治理地方之能力云云，此实由于所据前提未尝正确之故。盖军队一日尚留此间，则暴乱分子时常受其钳制，不敢妄动。关于中国官厅愿意而且能够维持秩序之证据，实只有等待联军撤后方能表现。倘若英国公使仅系偶尔措辞错误，而真意乃只在中国地方官厅应于联军司令指挥监督之下，尽量参加行政管理事务云云，则此种要求固完全与军事（机关之）意见相同。盖联军每遇各地中国官吏之留职未去者，固已早经如此实行也。

如果英国公使关于"管理北京委员会"（除开法军占领区域不计）之正式报告未尝接得，则此项报告在实际上亦本无提出之必要。据余所知，外交团与"管理北京委员会"之间毫无关系。又因外交团希望使馆区域划出军事范围以外之故，则各使个人对于该会当亦不甚关心。

又英国公使主张，列强宜下令各位司令将领迁入露天营帐，撤出城乡，云云。厄内斯特·萨道义爵士之为此议，似乎根据英、印军队习俗。至于德军方面，以及余所素知其他欧洲各军之习俗，则系倘有城乡房舍可以驻扎，则不露宿营帐。又若兵房营舍果有设备比较完善适于军队卫生之处，则有时利用此类兵房营舍亦并非必无之事。要之至少在德军方面，总以驻扎城乡房舍为原则。其在黄梅时节，则其他各国军队关于驻扎城乡房屋一事，亦复难以避免。

4月8日之报告

余在4月3日曾经电奏陛下，法国方面希望从速将其军队一部撤回；在直隶境内，只留殖民地军一旅；其由常备军所组成之一旅，则送回法国而去。至于启程之期，现虽似乎未定，但准备开拔之举，却已显而易见。倘若（法国）常备军一旅开走，则法军撤退保定之事，亦当连带而生。法国军队之纪律日益败坏，该军军官常以此事归咎于工作太少、给养过丰之故。其中尤以殖民地军步队为最甚。在天津华界方面，法国驻有一个大队于此，几乎每日皆有杀人及暴行之事发生，而法国军官对此竟无可如何。昨日曾输送法国兵士一百一十人回法，皆系被处要塞监禁重刑者。又天津方面，英国军官屡被法国兵士侮辱一事，据法军长官之意，其中至少有一部分是由于英国军官对于法兵之致敬，不加以回答。

4月10日之日记

　　盗匪横行之事，将成最大祸患。其中一部分，系由中国逃兵所集成，而由美国逃兵所统率。

　　现在各国公使仍是缓步进行。预定明日会议一事，因（俄使）格尔斯不愿在耶稣复活佳节工作之故，必须取消。

4月13日之日记

　　现在各国公使毕竟探知，彼等本国政府所要求之赔款数目。但该使等对于此事尚不能正式提出。此种悖乎情理之行动，究竟有谁曾经见过？所幸此种不祥之举，其影响尚不甚大，盖华人对于赔款（内容）情形早已探得，故也。至于华人常由俄、美使馆方面探知一切会议讨论之内容，此事吾人固已早悉其详，无所用其疑惑。又赔款总额约在十五万万马克左右（约合华币七万万五千万元）。但美国方面之意，赔款总额不应超过十万万马克。闻英国方面颇欲附和其说。

4月15日之日记

　　12点钟左右，余曾赴主教樊国良及林懋德早餐之请。在该处并遇见法国公使以及法国将军华伦、法国海军提督鲍狄埃，其他高级法国军官等等。法使毕盛曾举杯高祝吾皇健康。当余走入大厅之时，并奏《万岁，胜利者的桂冠》一曲。此外彼等对余亦复备极恭敬之至。法国人之在华者，既无对俄亲善之表示，亦乏（向德）报仇之倾向。但余固深知巴黎方面之政治方针，却不因此而有所变动。或者等待法国军官将在此间所得印象携带回国之后，可以逐渐促使法国政治改变方针。

　　华伦将军告余，彼对于余拟在获鹿镇攻击华军并将其逐过山西境界之计划极为同意，现已转告巴黎云云。此外彼并已决定，即或不得（巴黎方面）回示，亦当参加此项攻击之举①。余对于华伦将军此举，固早已料定。盖德国军队经过法国前哨之侧，往攻数月以来久与法军逼处之敌人，此实为法国军士所最难堪者也，所不愿坐视者也。假如现在法、德军队合作之举果再成为事实，则余当不胜欢喜之至。

---

　　① 瓦德西4月16日之报告有云，华伦将军一直至于今日，时常声称，彼奉有本国政府命令，在上述地点，不得对于华人采取攻势云云。又法国公使毕盛曾谓此项命令之由来，系因法国议会方面，曾希望此后法国军队，若未先得议会之同意，不得再行实施攻取，云云。——译者注

4月16日之日记

除了法国军纪不振之外，美国军队纪律亦复极为败坏。据云，昨日曾有美兵两名，因其统率中国匪党行劫之故被捕，从津解往北京。当其慢车驶出天津一百公里之后，该两兵偕其护兵（四人），跳下车去，潜逃无踪。所以现在共有六匪合做抢劫生意，以代前此两匪。此事对于我们兵士，十分不好。因彼等眼中所看见之坏事太多，而且常与许多不良分子聚首。

4月20日之报告

皇上陛下，余敬谨报告4月17日、18日夜间之冬宫失火情形如下。

当余听见外面院内火警之际，其时余方安寝未久。余之石棉行舍①前面站有复哨。其中一人当巡行该舍之际，忽见正房方面（指宫内房子而言）食堂旁边之厨室两个窗内，火焰向外射出。彼乃立刻警报余之两个听差，其时彼等尚未安寝，坐在自己房中。然后该哨兵又跑到军官大厅之内传递消息。因为中国房子建筑上之关系，火势蔓延极为迅速。在发现失火之后，为时不过数分钟，即已遍布全体草盖木架。按此项木架（凉棚）本系用以遮蔽日光张于建筑之上者也。再过数分钟之后，因为焚烧之草盖木架向下坠落，于是所有六间正房以及石棉行舍，差不多同时陷于火焰之中。现在上面巨大横梁之仅用绳索拴在凉棚架上者，又复开始下坠。因此之故，救护此项建筑以及其中所藏物件之举，自始即无希望。至于个人则于仓促着衣之后，以及帅笏与少数衣服救出之后，必须取道余之石棉行舍窗子，以往近旁军官大厅而去。该舍房门之朝着施瓦茨霍夫将军居室者，业已不能通过。其后该火复窜入与此正房紧接之两处厢房内面，但此后不复再为蔓延。盖因此处建筑，系用围墙圈住，幸与其他各宫屋宇完全隔断，故也。余所引为欣慰得向陛下报告者，即所有各国军队，尤其是法、

---

① 此项石棉行舍，系由德国寄华，置在北京冬宫院内。因其易于暖温之故，遂作瓦德西居所之用。——译者注

英、日三国无不竭其全力速施救护。其中更以法国军队在马尔尚中尉细心努力指挥之下，力使火势限缩以至于扑灭，极为可以赞美。

至于余之参谋长施瓦茨霍夫陆军少将殉命一事，现在已经调查确实者，即在失火以前数分钟，彼曾离开住室，前往荷池散步。后因火焰高张之故，乃急返该处。总司令部中之三位军官，曾接连先后前往该处助彼救火，而且该三军官之中，正军校格洛本与弗兰肯伯格两人差不多同时赶到，少校马歇尔男爵则系随后赶来。彼等曾将危险紧迫情形警告该参谋长，请其从速离开该屋。少校马歇尔男爵并派遣第一东亚步兵联队第四中队兵士两名，前入该屋之内。据最后曾在施瓦茨霍夫将军旁边之兵士所言（一如今日——第202号——电报中业已上奏陛下者），即该参谋长或在横梁下坠塞闭房门之时，尚到彼之写字台前。因其久居火焰烟气充满之室内，于是倒地不省人事。其时大家虽然立即觉有所失，但救济之举，在当时情境之下，实已无能为力。彼之尸首为火所焚，直至于不复认识辨别，系于4月18晨早寻出。彼之暂时埋葬事宜，一与从前对于（已故）上校约克伯爵所举行者相同。今日午前10点，在全体外交团以及各国军队将校吊唁之下，并有许多军官以及此地天主教要人之伴送。从举行丧仪之地以至千福庙，各国军队两旁排队致敬。施瓦茨霍夫将军系暂厝于该庙之中，一如当时约克伯爵[①]。

其间余认为侥幸者（计有二事），一为此次失火之时间，幸未向后展迟一二钟头（以至夜阑人静之时）；二为余之参谋次长陆军少将盖尔男爵，陛下之传令使伯恩中尉与劳恩施泰因少校，均在保定之南，参加攻取获鹿镇关口之役，此事已于最近报告之中恭奏陛下。此三人者本与余之副官韦尔贝格正军校、退职排长劳赫，以及余之个人，同罹火灾之危者也。现在幸因出差之故，得免于难。否则此次被其牺牲者，或当不止余之参谋

---

① 瓦德西4月18日之日记有云：彼（指施瓦茨霍夫而言）之死去，使余受一最大打击。因彼乃系一位最有价值、为余素所尊敬之僚属，以及极为超群之参谋长。彼具有非常之智慧，又复富于办事经验与世界智识。此外更能熟操法、英、意三国语言。换言之，彼真可谓作余在此地最为需用之参谋长也。——译者注

长一人已也。

　　陆军少将盖尔男爵，因受余之电召，已于今午到此。

　　关于失火原因一事，余曾立刻命人仔细考查，现在业已调查明白，而且华人方面并无恶意放火之嫌疑。至于失火之原因，当系由于铁炉之火延烧壁上之木皮纸面所致。该炉系在正房方面食堂旁边厨室之中，立于壁前，而且因为保护该壁之故，从前曾于炉与壁之间，隔以石棉一大片。现在冬宫主要部分虽然被焚，而余之大本营，尚可设置于此（不必搬出）。

4月18日之日记

（此系后来补记者。）

余之衣服，在火灾之后，初极不备，其后到了库克斯港（德国汉堡
附近之港口），更是完全破坏。当火灾之后，余之换洗衣服，系得之于正
军校布罗特尼茨以及司令部几位军官。军帽系得之于司令部卫兵，军衣系
得之于骑兵，靴子系得之于高等军法审判官格尔皮克，裤子系得之于司令
部骑卫，腿套系得之于（德使）穆姆先生，军刀——系在德国制造之中国
式军刀——系得之于萨克逊邦步兵军官，军刀之革带等等则得之于斯图亚
特将军。余令孟加拉矛骑联队裁缝布达哈，采用英国材料，新制一套极为
讲究之深褐色衣服。又向中国鞋匠定制高靴。

4月19日之日记

攻取获鹿镇一事，现正全力进行。李（鸿章）、庆（亲王）二人竭力请余下令停止，盖因刘将军前此虽不奉行北京方面之命令，但现在已由西安方面令彼立刻退后。余乃命人答复李氏，假如刘氏自愿退后，则彼当然不会遭遇意外之事，但联军方面却无论如何必须进至城墙之下。

外交团方面，对于余所条陈之警卫事宜、铁路占领等等，以及过渡期间只留一万二千人驻华之事，终竟加以采纳。现在所欲闻知者，即各国政府对此当作何语。

余对于我们此次火灾之事，尚未完全去怀。盖此次火灾之印象与结果，常使思想受其影响，对于中国事件之趣味，大为减少。此外，余对于各国政府以及此间几位公使之无聊情形，渐渐十分厌恶。更加以余对于此间事件，不能出来干预。所有对华全部问题，其关于政治方面者，余固久已认为完全弄错。而且同此思想之人，当不止余一人已也。

4月23日之日记

　　余接到许多来电，其中对于施瓦茨霍夫将军之死，以及余之侥幸得救，颇致其同情之意。计所收到者为罗伯茨勋爵、兰斯多恩勋爵，以及印度部长汉密尔顿勋爵。此类慰电颇令人感动，但（此种纸上人情）亦未免过于便宜。至于彼等友爱之谊，余固未尝因此而相信。

4月25日之日记

因相隔甚远以及一部分不通电报之故，所有山西边境消息，到此甚为缓慢。现在业经证明者，即德国四个纵队，已于23日行抵城墙之下。其间虽与华人方面接火数次，但彼等未曾加以严重抵抗。至于法军方面，对于此役，本不欲用全力为之，故其进行似乎甚为谨慎从事。（法国）将军华伦今日告余云：现在彼欲将其军队直从该处撤回，然后一直至于定县（约在保定南面一日之程）完全撤退，听华人前往占领云云。如此一来，则此次之役，除了一点精神上的胜利以外，实无何等重要意义。余对此事可谓无能为力。盖华伦（将军）可以自行其是（无法制止），故也。但就此事之本身而论，亦并非十分不幸之举。盖吾人终有一日须将占领之地仍行放弃，故也。余其希望其程度，业已到了如此之远。

4月26日之日记

　　所有各国军队对于和议进行之迁延，无不愤懑日增。在各国利害关系如此悬殊之下，必需许多时间加以商议，固为当然之事。此外偶有一二国家，故意摆布种种难关，亦系或有之事。但此间（各使）工作竟有如此之慢，则真是完全出人意料。一部分责任，应由西班牙公使葛洛干先生担负，因彼为外交团领袖，决定开议日期，行使主席职权，故也。彼未尝具有一点威望。彼之同事（各使），时常向彼讥侮。迨至和议事毕之后，彼之（公使）位置，即将取消，盖西班牙（政府）现有废去（驻华）使馆之聪慧念头故也。因此之故，对于葛洛干先生，实不胜愉快之至，倘和议结束之事，若能往后再为拖延。

4月27日之日记

倘法国方面对于华人果欲待以友谊，则其原因必系由于俄国方面之影响。但英、日两国亦复无意再有何等（军事）动作。大家皆将撤退直隶之事放在眼中，着手准备一切，但彼此均互不相信。在此种情形之下以扮演统帅一角，并非十分开心之事。

5月3日之日记

　　余所拟要求赔款问题应与支付方法问题分开办理之条陈，未蒙柏林方面之赞成。现在战争费用，当然与日俱增。愈为向后拖延，则愈使中国难于支付。如果柏林方面相信，所有此次远征费用，皆可全由中国赔付，则实为一种错误之见。

5月5日之日记

　　余曾屡言夏季之来，将带许多病症而至，云云，但此语却未被人加以注意。现在如不从速结束，则我们势将塞满此间坟园墓地，更将输许多废兵回国。而其所以致此之原因，则无非由于外交界方面之不幸争执而已。

　　此后恐已不复再有较大军事行动，此间现已渐渐成为一种驻防生活之情形。北京方面为各种游历者所充塞，每个军官当然皆欲一到此间看看。所有物价渐趋昂贵，许多商店因此赚钱不少①。所有工资，较之寻常至少增长三倍，因为对于苦力，亦算是一种好日子。更加以联军对于中国，未尝责以供给。所有百物，均系给现购买，而且按照甚高之价付给。因此之故，此间现驻联军六万，对于本地居民，实际上殊无痛苦可言。其中许多居民，生涯之善更往往胜于平时。

　　八国共同作战之事，本系一种幻想。而此种实情未被（中国）群众完全看破，以及联军各国之间未尝公开冲突，此则不能不算为余之小小功劳。

---

　　①依照我们见解，此间土产物品之价值，仍极便宜。一只肥羊，只值五个马克（约合华币二元五角）。一只野鸡，只值五十芬尼（约合华币二角五分）。一只鸭子，只值三十芬尼。十五个蛋，只值二十芬尼。——原注

5月6日之日记

美军已于昨日开始撤退。至于法军方面，则尚未完全定夺。但余绝不疑惑，（法国）将军华伦将于五个星期之内，装运九千军队而去。因彼曾经向余如此通知，故也。假若俄、法、美三国皆相信，无需大军驻此，亦可获得赔款到手，则我们又何尝不可如此相信。现在我们似乎成为一种担任强制执行之人，此事余深引为不甚光荣者也。此外尚有一事可以认为满意者，即现有几位外交人员对于余之意见，开始加以附和。

5月10日之日记

在法国军官之中，对于本国政府严禁攻击山西境上中国军队一事，极不满意。此种情形之所以发生，实为最易明了之事。盖彼等现在必须袖手静视我们如何活动进行，故也。余相信（巴黎）后幕之中，实有俄国阴谋在内。俄国方面明知我们与法军之间，在此极为相洽。假如（德、法）共同作战胜利，则当然更使两军现有友谊愈为进步，或者甚至于法国国内亦难免不受影响。

我们陆军部中，现在亦复着手研究撤兵问题。当远征队（从国内）出发之时，（部中）对于用钱一事，未尝加以丝毫限制。而现在则主张万事皆宜从俭，尤其是不欲多赁船只。换言之，我们务将每只运兵船上，塞到不可再塞。此事对于兵众方面，当感无限痛苦，尤其是在此不良季候之时。

余对于总司令部之回航一事，拟用医舰格拉，而且已于四个星期之前通知柏林。现在陆军部方面来电，谓格拉舰上可以附载一千二百人，若余独自占有该舰，则将多增一百万（马克）支出，云云。余当即回复一电，略谓余甚愿意附载三百养病之人，因彼等不能利用军队运输舰装运，故也。但（部中）却不能强余乘坐运输军队船只，以作旅行。此外，余并请转求皇上定夺此事。

5月12日之日记

　　昨日（英国）上校格里尔森曾来余处报告，谓英国公使曾接兰士登勋爵来电，其中对于撤兵一事，英国可以同意，只要中国承认列强所提赔款总数云云。换言之，英国方面对于余之提议，业已采纳。但余对于该上校，却有缄默不肯明言者一事，即柏林方面之想法完全不同，尚欲要求中国提出保证是也。假如英国方面对于撤兵一事，果已决意实行，则余相信柏林方面终当让步。此种永久飘摇不定之局面，逐渐发生不便。因为政治方面完全错误，以及各国政府毫无气力之故，究竟何时结束，真是不能预料。尤其是未有一人，对于中国皇室方面情势，稍稍懂得一点。现在每刻之中，皆可以发生出人意外之事。

　　顷得消息，华人方面业已承认赔款总额四万万五千万两。换言之，即是十三万万五千万马克。现在总算是向前进了一步。

　　昨晚（法国）将军华伦及公使毕盛曾设一个规模宏大、结果甚佳之宴会，而且该项宴会系设在大理石桥西边皇宫内面一座庙宇之中，其中一切房舍尚系完全整好。所有（各国）公使、将军、高级军官皆在被邀之列。其间令余惊讶者，即庆亲王、李鸿章二人亦在座中。彼二人随带侍从甚多。当开宴之际，该侍从人等皆在彼等主人背后，或站立，或坐在地下，大部分皆在抽烟。所有法国人士皆极亲切可爱。其余在座诸人，亦无不如此。法国中尉马尔尚系为此次宴会之提调，其中一切安排，确是极为精当。至于座次问题之支配，其情形如下：余伴领（法使）毕盛夫人，并坐在她之右旁。庆亲王则坐在她之左旁。该亲王对此极为满意，因华俗尚左，故也。（法国）将军华伦朗诵席间祝词，对于华人备极侮辱诽谤之至。其中念到"可恶可畏之犯罪行为"一语，更以扬厉之音出之。其后庆亲王以华语作答，但并未加以翻译。李鸿章一点也不吃，唯大抽其烟不已。庆、李二人对于此次设宴地点，原来不知。当其被人抬到庙内之时，乃大惊不已。盖该庙为大行皇帝举行丧礼之所，视为特别神圣者也。应用此地以作跳舞宴会之所，并请中国大臣列席，在实际上真可称为一种暴行，本应加以避免者也。①

---

① 瓦德西5月13日之日记有云：余曾在暗中探知，究竟庆亲王、李鸿章二人对于此次庙内设宴之观感如何。彼二人在实际上对此极为愤怒。但以其为真正华人天性关系之故，旋即想开。彼等以为"欧洲人可谓蠢到极点，竟不知此庙系何等神圣之地。我们对于欧人此种不可思议之愚昧，应该加以原谅"云云。——译者注

5月13日之日记

　　专家如总税务司赫德爵士之类，皆以为假如列强之间，对于中国支付赔款方法，业已归于一致，则和约不久即可成功，云云。换言之，即系余自四个月以来时常不倦言之者。困难之点并非出自华人，乃系由于列强自作是也。余之所以不断催促进行者，诚以现在中国皇室方面趋向和平之空气，恐有一旦归于消灭之虞，其结果我们不免竟将恰好时机错过。近来拳党忽又猖獗起来一事，或者更足以证明吾言不虚。（德使）穆姆先生近来十分引为不幸者，即各国公使对于支付赔款方法，尚未接有一定训令。但是此项问题何以不于正月上旬之时，即行加以努力讨论？现在大家均不欲担负其咎。此种列强合奏大会之可悲现象，实可谓自古及今未有过于此者。假如我们只是能得一个相当下场（即可算是如天之福）。我们在此实已无可希冀，但是对于我们极为不便之纷乱，却可一朝成立。又保定之南，曾有数千拳党，竟将派往该处之中国官军击败，法国军队现方设法援助此项中国官军。现在余已居然自认为攻打拳党之中国官军统帅矣！

5月16日之日记

　　昨日皇上拍来一电，使余不胜欣喜。盖因该电之内皇上对于余所条陈之减缩远征队一事，加以认可，故也。但愿上帝保佑，此种决议不再变更。余之为此条陈也，曾经详细思维，并自知所负责任之重。现驻直隶之六万人，实无异一个警察大队，但为华人执行宪兵职务而已。我们国内之人，当然以为此项军队，应该留驻中国，以便对于中国政府实施压迫。但却不思此项压迫，究竟如何实施。中国皇室现住距离此地一千公里之远，假如我们再向该处前进，则该皇室只需再往内面避走而已。但此种前进之事，实际上绝对不能实行，因为大多数联军国家，无论如何不愿共同行动，故也。于是余之手中只有八九千德人，或再加上二千意人而已。此外俄、美两国，或者尚有抗议提出。于是联军之间不免互相争论起来，此固为华人方面时常希冀者。即就军事方面而论，此种攻取行动，仅以如此微少之兵力为之，亦系毫无意识之举，盖因攻击目标距离太远，故也。

　　至于直隶方面，并无何种（攻击）目标能因其陷落之故，足使华人大感不便者。其实我们现在全为将到眼前之不良季候所束缚，不能行动自由。现在天气业已开始炎热，不久更将继长增高，以至于军事行动大感不便。此外再过四个星期之后，行将大落其雨，所有半个直隶，皆将变成沼泽。此种情形至少当延到九月初旬方止。我们届时果应再行采取攻势吗？有谁愿与我们合作呢？此项攻势之目标，究竟应在何处？战争费用与日俱增，究竟谁人担负？我们在此已无可为，离开此地愈速愈妙。余不能在笔墨之上，尽情吐露，到处传播。（我们国内）政策之紊乱，当局之特别，余最好是（师学金人）三缄其口。

13日余在（德使）穆姆先生之处，彼为（美国）将军查菲饯行。因此之故，列席诸客全是美人。该将军为余在华所识之勇敢男儿。是日彼曾发言，对于彼与余之关系情形，每以极为详恳亲切之语出之。最后，所有在座美人皆一致请余，无论如何必须取道美国圣弗朗西斯科而归。彼等更言，余只需行抵该处而已，其余一切，自有彼等办理，可以不管。唯举行凯旋典礼一事，则余必须准备参与，不得辞谢。此外彼等对于此种旅行在政治上之重要意义曾加以郑重讨论，并谓自古巴战争仇视德国以来之彼此隔阂情形，皆可因此旅行而扫去，云云。余当时颇为彼等之言所感动。但余却自思，最好仍是取道原路而归。所谓凯旋典礼，对于美国人当然是一场娱乐，对于新闻家当然是一场忙碌，对于我个人却是一场痛苦。最后，余尚须前赴各城逗留，以便喜看热闹之人，前来参观。余对此只好衷心感谢。余现在只有一个希望，即是从速到家而已。但余心中不胜欣喜者，即余在此地，能与美国人士欢然相别。（未尝凶终隙末）。至于余与法人方面之相洽情形，亦可谓与此相似。（法国）将军华伦因将启行赴津，曾来余处辞行，并向余云，彼将来极愿时常回思与余共事之日。此外对于余之时以优礼相待，更为感激不已。尤有令彼十分满意者，即关于评论此间时局一事，彼常与余之意见相同云云。此语可谓一点不虚。又余从毫无关系之第三者方面闻知，此间英人对余，亦极满意，彼等在余统率之下，甚觉十分愉快，云云。至于日人方面，则余知之甚确，即彼等对余之明白赞扬日军才能一事，极为欣慰不已。尤其是余对日军常以平等资格相待之举，最令彼等满意。

一切情形，皆甚美满。余之心中，亦极欣慰。虽然如此，但余却相信，总司令部解散之期实已到临，不可再缓。倘若余在此间之重要位置，必须听其自行毁腐，此实对于一般利益不能无损者。

近来英、美两国军官彼此甚趋接近亲密。此事无论如何，当系由于本国政府之训令使然。最初之时，此间英国人士对于美军态度，本不甚表同情。而现在英人则又主张彼等乃系同种，而且因利害相同之故，实应互相倚助，云云。假如英国在南非方面，军事不曾如彼失败，则彼或当不致如此讲美国友谊。

5月18日之日记

　　昨晚余赴（德使）穆姆之宴。盖是日各国公使因与法国公使饯行，皆在该处聚会，故也。当（法使）毕盛举杯敬致谢辞之际，曾以极为亲热之语，提及余之个人以及德国军队。法使此举之最足令人注意者，即当着各国公使，以及俄国在场而为此言也。余对于毕盛之去，不胜惋惜之至。彼在此地，常与穆姆合作；而且时常联成共同战线，以抗俄、美两国。余相信毕盛对于法国几种政策皆不赞成，甚希望对德保有永久和平关系。

5月19日之日记

　　赎身之期，毕竟逐渐接近！自余与皇上（彼现在维尔）及伯爵施里芬屡通电报之后，于是皇上现乃告余，彼已发出命令，租雇运兵回国船只，而且对于余所条陈之驻防旅队组织办法，业已采纳，此项命令，八日之后即可办好；此外铁甲舰队并将同时召回，云云。由此可以看出，皇上对于此种不良局面，已有加以结束之心。至于总司令部，现在当然应在解散之列。余所希望者，只是不要再行将余紧留此间，以待北京撤兵结束之后。

　　（德使）穆姆对于柏林方面拍来一电，殊感不乐。盖该电内容系令该使加倍催促和议进行云云，却不一思该使究竟何从着手？此时过错，乃系全在各国政府对于支付赔款方法不能一致之故。至于穆姆在此做事，实无时不在勤奋之中，并时常皆愿和议进步。

5月20日之报告

余于本月14日、15日两日，曾经前往检阅德国第二步兵旅，以及该旅所属他种武装。余系于14日早晨，乘坐法国专车，前赴保定。（法国）将军白劳德与其参谋人员，皆在该处参与正式欢迎之举。此外本城以及邻县之（中国）官吏亦皆来此祝贺，并献余东洋习俗流行之礼物，以及旗伞五十左右。伞上并书有对余赞美之词，感谢余之已往保护，以及请求余之继续保护，云云。余并于即日前往审视卫戍方面之一切设备。计已检阅者，为战地医院骑兵营盘（系在城之东北），炮队营盘及兵房。此外更与白劳德将军交相拜访一次。该将军对于彼之本国政府所下法军不得攻击华人之训令，认为极不适当，颇露怏怏不乐之意。此种（袖手旁观之）可怜态度，对于敢作敢为不安于逸之该将军，实属难堪已极，其中尤以最近几次城下之战为甚。盖其时彼虽手持军器，立于战场之旁，却不能上前接战，故也。该将军之意，以为倘若法国军队当初采取严厉手段，则保定南部之拳党活动，早已压迫下去，并可使山西中国官军，得一较深之印象，云云。又该将军颇疑彼之本国政府出此态度，系受俄国方面之影响。不过该将军对于此事，措辞稍稍谨慎，但令人领会其意而已。若据余之个人观察经验，则甚觉该将军所料，可谓完全不错。

5月20日之日记

余曾到火车站，为（法使）毕盛全家送行。在该处之时，余得与（英使）萨道义晤谈。彼谓余曰，彼相信和议之事，至迟6月底间可以结束云云。此语真使余不胜惊讶之至。其后余乃闻知，彼之本国政府，现已促彼从速进行，云云。又（英国）将军盖斯利爵士曾将彼之本国政府来电示余。该电之内，彼曾被其政府咨询，究竟余（瓦德西自称）之方面，是否认为开始撤兵之时机，现在业已到临？英国方面不欲单独行动，愿与我们同其步骤。

各位公使先生看见北京撤兵之期日益逼近，不胜恐惧之至。因为对于彼等，现在又将另辟一个时代。彼等从此又将缩居污浊使馆区域之内。其中虽有二千军队与彼等共同居住，但彼等之生活情形，却很难因此增色。不过就余个人之意而论，则以为各位（公使）先生，如能提前三个月即过此种生活，实远胜于数百勇敢兵士在此死亡，以及常罹疾病。

5月21日之日记

　　今日周馥曾来余处要求数事，余已允许几件。彼系一位识见通达之人，在（中国）议和代表中，为余最喜悦者。

5月22日之日记

关于总司令部解散一事，柏林方面仍无丝毫动静，或者现在正与其他列强商议此事，亦未可知。但余之意，总疑当局对于此事，未能毅然有所决定。

外交家之两副舌头，今日余又领教一次。某国——余在此处，不愿直指其名——曾向柏林方面通知，彼对于四万万五千万两之（赔款）要求，完全同意云云，但同时却又令彼之此地公使，设法再将此数大为减少！

5月23日之日记

　　假如余果相信，留驻此间实为必要，则余甚愿将余所有最后一点精力，为之牺牲不辞。但余既已深悉，外交方面若稍有一点力量与先知，和议之事固早已结束。则今日余之留此（乃系被人牵累所致），实无快乐之可言。现在世界缺少一位俾斯麦。倘若他还活着，则此间局面，当与今日大不相同。

5月25日之日记

　　皇上今日电余，谓彼已下令撤回铁甲舰队云云。此项撤回之议，余
最近亦已表示同意。至于撤回之真因，余将于以后再谈。数月以来，国内
某某数方面，即已不断设法运动，速将舰队撤回。一部分系由于个人关
系，一部分则由于其他微小顾忌。究竟舰队一物，此地是否需用，则先生
们殊无暇过问，不以为意。至于皇上个人，则始终主张，究竟撤回之期是
否已到，须听余一人决定，云云。①

　　数日以来，屡与柏林电商留驻此间军队之组织问题。对于运兵回国
之事，亦已讨论及之。余竭力避居旁边（不愿多所主张），只是保持总司
令地位所应有之论点而已。至于其余一切细目，皆系德国远征队司令（莱
塞尔）之事。此外余对于该司令之（繁难）责任，真是不敢加以羡妒。在
两万人之中，只有三千人自愿留此。我们对于兵士此种态度，实不应加以
非难。纵然我们给饷丰厚，亦无责备彼等之理。

----

　　① 5月11日德皇曾从施特拉斯堡电告瓦德西云：春初所计划之御前秋操，将在但泽（今格
但斯克）举行。并以大批军舰共同动作，如登岸演习、军队操练之类，铁甲舰队必须加入其中。
俄皇对于舰队演习一事，已拟届时列席参观。铁甲舰队必须于本月之中或本月底间航回德国。阁
下能否放回该舰队？舰队训练一事，因此地种种意外之事，以及船只缺乏之故，直至今日未能实
行。假如战舰最后不能重行联合起来，则秋操之举，行将陷于危险，云云。此即上文所谓撤回之
真因是也。——译者注

5月26日之日记

　　倘若有人曾相信，此后已无意外奇妙之事再行发生者，则此人现在必当增长一些见识。外交团在昨日一天之中，竟开了三次会议！盖彼等曾奉本国政府命令，赶快进行——究竟从前那种长期拖延，乃是完全出于必要吗？此次和议情形，实为外交无能、政治短见之一种可悲现象，可以传诸百世而不朽者也。

5月27日之报告

　　假如中国首都尚在联军重兵占领之下，则中国皇室回京之事，余以为绝对不能实现。但是中国皇室如一日不到北京，则该皇室一日立于各种（排外徒党）势力之下，为我们在此无从加以监督者。而且据余之意，可以令人信任几分之中国实际政府，因此亦复一日不能成立。以是之故，余相信撤兵北京一事，可以促进皇室回銮之举，对于中国局势之安定，当有极良影响。至于中国皇室对于具有重大国际兵力之外交团势力，当然不能完全逃避摆脱。

5月27日之日记

　　余在昨日深晚之时，从（德使）穆姆处闻知，皇上业已通告联军各国云，彼因现在已无重大军事行动之故，认为召还总司令部之时机，业已到临，云云。

　　余已将铁甲舰队解（去驻防之）职，定于31日由吴淞启程（回国）。

5月29日之日记

　　自从26日晚间，（德使）穆姆先生见告撤回总司令部之事以后，余对于此事，遂不复再有所闻，此实令余殊感不快。盖余必须先奉归国命令，然后始能预备行装，故也。自昨日上午以来，路透电乃证明撤回之举，确系事实！

5月30日之日记

　　撤兵之事现已决定，而且本来亦已动手实行。此事竟能在偿付赔款方法尚未解决之前先行办理，实可称为余之胜利，以及战败外交人员。（德国）国务总理对于此事亦不得不俯首相从。余相信当有许多人士对余致其感谢，盖此种甚难解决之问题，若待其最后决定，（至少）需时数月也。

5月31日之日记

　　关于余之行止问题，今日仍在不可捉摸之中。余曾接到柏林私人电报，述及余之召还事件；又报纸电报，亦曾报告此事；此外驻京各使，亦皆知有其事。唯柏林官界，竟无一处觉得，（此事确有）对余通知（之必要）。如果国内之人真相信，余只需往乘火车向上一登而已，则又足以证明我们国内对于此间情形之如何隔阂。

　　关于偿付赔款方法之讨论，仍是继续缓缓而行。更因天气大热之故，进行益为缓慢。盖所有与会之人皆少工作兴趣，故也。俄、美两国公使已偕其家属搬到山上赁庙居住，彼等甚不喜欢时常必须跑回北京参与会议。

　　顷间以前，（德使）穆姆曾经电余云，彼已奉到国务总理命令，令其通知中国政府，现余已被（本国政府）召还，云云。因此，余之职务算是从此终结。但余在未奉皇上命令之前，却不能径行启程。

6月1日之报告

皇上陛下，现在余既已奉到陛下停止总司令部职务之令，兹特冒昧将余驻华九月所得之印象，敬谨陈奏如下。

现在中国皇室方面，主张从速议结和约、立志改造中国以谋救治之人，似乎渐占优势。联军所提和约条件之轻微，当然愈使此派张目。此外中国从前曾有利用联军彼此原有的龃龉，以及屡次表现的冲突，再将和议条件减轻之希望，现在业已不再作此妄想。至于中国方面可以偿付列强所提赔款数目，而且不至因此陷于精疲力尽之途，此则为余所深信不疑者。

至于中国与列强之关系，则余相信，俄罗斯一国将被中国视作最为危险之敌人。虽李鸿章个人似乎曾受俄国之贿，常以中、俄两国合作为言，但此间人士之对俄态度，却正在变化之中。满洲占领一事，在一般具有远识之华人看来，皆认为将来不免渐由占领变成合并，此事将使本朝皇室陷于极险之境。盖该皇室之威信，经过此次拳变之后，固早已大受影响，故也。满洲为本朝发祥之地，其祖先陵墓亦在奉天。自明朝倾覆以后，满人即行入主中国。假如满洲终于完全丧失，则本朝前途命运势将成为疑问。现在中国许多地方，已有汉人自立朝代之宣传。北京与满洲边界相距只有一百五十公里之遥，倘若北京直接常受俄国压迫之危，则其首都地位势难支持下去。现在（华人方面）甚希望一种日、英同盟，对于（俄人）完全合并满洲一事，能加以防阻。其在日本方面，近亦渐渐相信，与华和平合作，始可达到福利之途。至于美国方面，则只希望对华商业发达，以使彼之工业得到巨大销场，并常特别努力运动和议条件减轻，以开两国亲善之端。

英、法两国自1861年战争以来在东亚方面所取得之重要地位，因受去年事变之影响，不免大为摇动。至于该两国驻直军队之未作有力行动，其在英国方面，则令人想见其军力之薄弱，其在法国方面，则归根于俄国之影响。

当英、法威信向下坠落之时，而德国之声望则却特别上升。对于东方人，只有强大势力，以及具有应用此项势力之决心，始足引起彼等注意。（德国在华）陆海军力之扩张，而且训练之佳，常为联军各国兵队所承认，更加以（德国）战斗舰停泊南京之前，德国军队，虽在严冬亦复不断努力，无论对待拳党、官军，皆以严厉手段行之。德国骑兵之发现于蒙古，深入于山西，以及如有必要之时，尚将向着山西方面大取攻势，或者竟自越过山西，再行攻入（他省），以上种种，皆使华人得着一种深刻印象。倘若余谓在各国军队之中，常使华人引为忧惧者，当推德国远征队云云，实非过甚之言。而且余更确信不疑者，即此种印象当不易于转瞬忘去。究竟我们如何利用此种机会，以使我们对于铁路矿山让与及商业优先利益之希望得以实现满足，此则非余职责之内所应加以主张判断者也。但余相信可以直言者，即经陛下主张遣送海陆军队，以及议设（联军）总司令一职而由德国将领担任之后，德国东亚方面之势力，大为增长。因而德国商人及工业家发展企业之欲望，亦复同时并肩而进。

在直隶方面，耶稣新教牧师之活动，系最近数十年来之事，而天主教牧师在此工作，则已有数百年之久。因此之故，此地教徒当然以属于天主教会方面者为多。其结果，余对于中国教徒及教会牧师，如有保护加惠之举，大抵皆落在天主教徒身上。天主教主教对于此事，向余极为感谢。而且公然向余表示，彼等对于法国军队之帮助不力，至为失望云云。余从主教樊国良谈话中间察知，（罗马）神圣教皇对于此种情形亦已得悉。余希望天主教会方面，当从此次情形得知，陛下凡是关于保护教徒之举，固不问其属于何种教派，而一视同仁也。

6月2日之报告

据此间所表现之各种征候看来，中国皇室回京之事，似已决定，并已定在9月。至于回銮之先决条件，若照中国人民意见，则为联军本部必须先行撤退北京。倘若中国皇帝此时实行回銮，无异立于外国军队保护之下，则据华人意思，彼将从此"丧失脸面"，换言之，永远不足有为。（此外）余更有确信不疑者，即中国方面必定还要设法要求减少留卫使馆之军队人数。但余却深知，假如我们坚持不让，则中国皇帝亦将知其无可挽回，安然下去。又因使馆区域并不甚大之故，彼在实际上对于外国军队之行动，亦复无从知之。至于中国皇帝回京一事，余亦认为必要。盖直隶省内至今尚未全熄之拳民骚动，彼当可加以最后肃清，故也。

余从可靠方面闻得，俄国占领满洲一事，曾遇不少困难。该地居民本来即不驯静，远较其他纯粹汉人居民为勇迈，更因俄人之暴虐残忍行动达于极点，以致该地居民深受刺激，极为不安，常有武装完备之骑兵数百成群，袭击俄军，使其坐卧不宁。

6月5日至8日之日记

（时在赫莎舰上由大沽到神户之途中。）

关于余之召还一事，在柏林方面似曾犹豫不定。国务总理致与（驻京德国）公使之电，其后继以陆军总长、参谋总长之电，皆曾言及总司令部解散与其归国之事。此外（奥国）皇帝弗朗茨·约瑟夫更有一个极为亲切之电报，足以证实果有其事。又大部分驻京各国公使及各国军队司令，亦无不知有其事。只是皇上始终未有命令给余。至于拍与（德使）穆姆之电，其用意所在，无非使余不能由此得有把握，以定一切行动。2日晚间，（参谋总长）施里芬伯爵乃来一电，谓皇上因余熟识（此间）情形之故，关于启程日期，由余自定云云。余于3日前往天津。4日复在该处接得皇上一电，其内容与上述电文相同。余固深知，余之卸去帅职以及启程离华，乃系一种重要行动，而且担负一种巨大责任。但余对于一切，皆曾静自思量，仍照原来主意，决定离华而去。余与各国军队，皆以书面作别。此外更电告俄皇、奥皇、日皇、英王、意王，陈报余之卸去帅职事件。当拍寄维也纳之电尚未发出以前，奥皇弗朗茨·约瑟夫已来一个极为亲切之电报，对于余之照料奥军一事致其谢意。

此次余对于余之隆高地位，不但自始至终保持不坠，而且尚有两点特别使其提高。一为外交团方面，初时对余尚不愿俯首相从者，最后无不受余势力所支配。二为华人对余，不但是畏敬无已，而且是乐于接洽。换言之，余之应付一切，当系恰到好处无疑。至于华人之天性及教育，皆极重礼貌，对于形式上最为讲究，但其为人虚伪欺谎，夜郎自大，如果别人不加干涉，听其为之，盖彼等只是服从势力而已。余之对待彼等，极有礼貌，备为尊敬（如优礼接待、军队致敬、遣兵护送之类）；对于私人有所请求，亦常满口承应为之。唯在公事之上则极为严厉，有时竟至残酷而不辞。余固深知，彼等实际上虽然不能爱余，但现在对余之去，却亦非所乐视。

其在军事方面，本有一些暗礁当途，但余幸而从旁通过，直至临别之时，未有何等恼怒，未受何等打击。尤其令余十分满意者，即在德、法两国军队之间，余曾辟立一个亲善基础。即就（法国）将军华伦个人而论，彼虽对于色当一役所受伤痕以及身为俘虏之事，尚未完全去怀，而且极喜自行己意，但其后对于余之声威地位终竟承认，并且逐渐与余相亲相信。到了最后临别之时，更是亲热无已。至于德·格朗普雷与马尔尚两位（法国）中尉，在北京之时与余来往甚密。当余启程前一日，来相作别，最为动情。格朗普雷曾向余云："贵国皇帝遣君来此，可谓'善于选材'。所有此间法国军士，皆以受君指挥作战为荣，对君之尊敬，实是与日俱增。我们对于君之相待以诚，十分感激。君在我们兵士脸上，当亦可以看出彼等如何爱君。"云云。马尔尚则谓余曰："君或尚不自知，究竟君与我们在此，成就了一些什么。君已将一切现尚根深蒂固之成见与恶感，完全扫除。君所架设之桥梁，实为一切头脑清楚之法人所愿走。余相信（此次）中国（一役）实可以看作我们两国关系之一个新段落。其所以能够致此者，实君一人之力也。"云云。余固深知，此间德、法两军之亲善关系，实际上并不能影响法国政治方针。只需巴黎方面随便一点机会，即可立使报仇呼声依然四起。不过余却相信，此间共同生活一番，毫不发生一点良好效果，亦恐系必无之事。

至于余与英人亦复甚为相洽。只是余对于英国政治（内幕）过于洞察，以致在此对英颇难表示同情。英国自南非一役完全失败以后，遇事不免中馁，此固吾人不应加以责备者。至于英人自身彼此绝对团结，则吾人更应加以赞许。唯彼等有时推拒旁人，虽用大胆之扯谎、可厌之虚伪而不惜。只要彼等相信由此可以达到目的，则虽毫无顾忌而不辞。现在世界之人对于英国此种行为，于南非战争之中，固已完全看破。盖英国方面常极力宣传帮助万国流氓结晶的 Uitlander① 人之权利，故也。余在中国境内曾遇许多事件可以引作比喻，余将于他次再为详谈。近来因为柏林方面曾有改善德、俄关系之努力，于是吾人在此，立觉此间英人最近之态度及行动，每有引人特别注意之处。因为余恐在此最后钟头，犹与彼等发生冲突之故（此种冲突，当然以避免为善），亦为余欲速去原因之一。

撤兵北京之事，实行颇不容易。盖因只有一种单行轨道而且设备不丰之铁路足以应用，故也。正是此种事件之中，余与各国将领恐将不免发生争执，因余甚疑各该将领颇有逐渐脱离余的势力范围之意。彼等时常托辞，谓装船一事，因奉本国政府之命令不便违抗云云。但德国总司令部之善始善终离开此地，实为吾国利益计，尤其是为皇上利益计，所应加以努力者也。余对于此事，亦复认为应该速去的原因之一，务勿待至发生困难之时。

6月3日早晨8点45分，已为余备下一列专车。7点30分余离开冬宫，最初先行阅视门前排列之总司令部队伍，其后再行阅视宫中卫戍营、第一步兵联队中之第一步兵大队、猎兵中队、骑兵联军中之第二骑兵中队（此队列在荷池东岸），并向彼等略致作别之辞。然后堂皇车驾，始动手出发。最先前行者为孟加拉矛骑中队，其次则为奥伊伦堡伯爵与本部骑卫，系在余车之前。该项骑卫皆穿着新衣，骑着美马，看去甚为壮丽。彼等（执行职务）颇能显其才干。在余车之旁边，则为孟加拉矛骑中队队长乘马随之而行，其后并有总司令部中之军官若干人紧紧跟随。至于余之车辆，系以棕色美马驾之，并有盖尔将军坐在余之旁边。车辆之后，则为骑兵联队中之第二骑兵中队。该中队所有之过去成绩，实为历史中所不多见者。最初穿过属于德国军营之元帅街。在此街之中，我们最称精干之警官

---

① Uitlander，南非英语为"外国人"或"局外人"的意思。——编者注

耶拿中尉，曾令全街居民排立，并令彼等高呼"乌拉"（此种欢呼之声极为整齐，必是曾经加以特别练习无疑）。然后经过禁城以及三个美丽大门。最后一直前行，穿过御街，横截瓦德西街，以至天坛旁边之大场，该处即为车站所在之地。余从此处乘马先行，驰过一个日本步兵大队与一个日本骑兵中队，以及三个意大利步兵中队。然后转向德国卫戍营方面而去，盖该营早已列队待余，故也。当余驰过该营阵线以后，乃与该营军士告别，径向车站而去。在该站之上，更有德国中队、印度中队各一鹄候。所有全体外交团、全体德国将校团、大多数英日意奥军官，以及一部分法、俄两国军官，均曾到场。此外，年纪老迈之总税务司赫德爵士与几位外交界夫人，亦曾来送。至于华人方面，则为议和使者周馥与李（鸿章）、庆（亲王）二人代表，以及其他几位华人。若欲一一作别，真是不甚容易。当此之时，尚有一些亲切友谊之辞，来余耳底。其后火车慢慢开动，该处礼兵，举枪致敬；日本炮队，开散礼炮。其时（德国）将军特罗萨站在右翼，于是大呼"乌拉"；而（英国）将军盖斯利爵士与英国各将校，则站在左翼，高呼"嘿，嘿，乌拉"。最后火车穿过城隙而去，北京已在余之背后矣！

　　一直至于天津，沿途落雨不止。若从车中望去，则当见此间土地之浸渍何等迅速。沿途车站，皆有印度礼兵排队致敬。余于2点左右抵津。该处复受德、英、法中队及将校团之欢迎。唯该处现正不甚安静，因昨晚曾有一个英国岗警，向着法、德兵士开枪，结果打死三个法人，打伤五个法人、三个德人，故也。（法国）将军华伦请余担任仲裁之职。当余向彼推谢，略谓余在此地已不能再为发言，彼乃向余言曰："君在此间，享有无限声望，足使我们全体服从。只有阁下始能将此最为不快之事，加以圆满解决。"云云。余遂着手切实调查此事真相，并与（法国）华伦、（英国）坎贝尔两位将军谈判甚久，终得一个双方满意之解决。因此余对于余之原来旅行计划，不必加以更改。

　　此次事变，系由法人惹起，而德国兵士则上前附和法人，换言之，彼等实有不合。但英人竟如此残忍，擅用火器，确是一种可鄙行为。该英人等不管一切，直向群众之中放击，其结果当然只是无辜之人身受其害。英人在此，时常自讨各国军队之厌憎。自从英国从香港方面将威尔士燧发枪手团一个步兵大队调来此地之后，反对英人之恶声更是继长增高。余现在已不复记忆，究竟余生平曾否遇着过一种军队，其外形与态度之不适余意，恰有如该军者？该军系由英国居民中之（流氓）污垢所组成。当彼等开到之时，因其举动轻佻之故，立即为众所憎，更使德国兵士与法国兵士之结合，愈较前此亲密。余希望在我们军队方面，当可使其忿气渐趋平静，再加以严厉管束，勿使重蹈故辙。但在法国军队方面，则余却没有把握，甚为怀疑。盖法国兵士性情，比较活泼易动，而且远不如我们兵士之在长官手中，听其约束，故也。（法国）将军华伦现欲禁止部下前往英国租界之中。（其在英国方面）则将令威尔士燧发枪手团兵士少出外去。假如此种红衣兵士，晚间跑到英国租界之外，余深恐彼等将为法国兵士所袭击。吾人若就此次事变而论，亦可以看出联军撤回本国之期，实已不可再缓。

4日晨早，余曾参与法国兵士之葬仪。（德国）将军莱塞尔亦在彼处，此外并派有德国代表列席。（法国）将军华伦甚为感动与感谢。11点左右，余到车站。在白河右岸之上，列有一个法国中队待余，以表彼等敬礼。余曾在《万岁，胜利者的桂冠》音乐之下，步行该队阵线一周。因为各处地点皆成泥淖之故，余乃令德国军队排列车站附近一个相当的坚实地基之上，即在该处与彼等作别。至于车站之内，则列有印度、日本中队各一，以及一个意大利山兵队。所有将校人等与法国军官全体，皆在该处欢送。

（法国将军）华伦极为亲热，并用最诚恳之言致其谢意。彼谓吾等在此共同生活之期间，以及余待彼之个人与其部下（种种友谊）情形，誓将永不忘去，云云。11点30分左右，开始出发。1点30分左右，遂到塘沽。因为俄国军队亦驻该处之故，于是所有联军各国军队皆在站上列队欢迎。当我们行李搬上船去之时，码头上面曾有一个德国乐队以及一个日本乐队（系由日本将军山县有朋从北京方面遣送来此）大奏其乐。2点左右，离开海湾，站在岸上之兵士数百，以及泊在附近之山猫号船上水手若干，一齐大声欢呼"乌拉"，而停在该处之战舰，则开始大放礼炮。大沽海湾情形，又复可怕已极。塘沽港长甚至于对余驶往赫莎舰上之举，加以劝阻。5点左右，余算侥幸达到舰上。十分满意，将有几天安闲日子可过。余曾给（余之副官）韦尔贝格下列一个题目，以作彼之冬日（消遣）工作："试论此种无数礼军礼炮，其影响及于人之性质将为何如。"

5点30分左右，拔锚开行。顷刻之间，中国海岸余痕，逐渐离开吾之眼帘。余在该国居留及活动者，已有九月之久，此后吾眼当永不能再见该国矣。余若静思在此所过之期间，则余当十分感谢上帝。上帝时常佑余无病无灾，并使余对于许多图谋之事得如其意，对于重大不快之事得以避免。当余离开德国之际，前途本极茫茫，现在余则可以满意而归矣。

余常被国内方面询问，余所寄回报告，何以如此之少。其在报界方面，更因其有权要求供给新闻之故，类于此种之责备，愈是不胜枚举。但余却在每次邮运出发之时，皆有报告寄与皇上，若欲再为多寄，其势实有所不能。只有敬请报界方面，自派"新闻邮船"运送一法而已。此外余于拍电一事，更未尝有所懈怠。最后一次由塘沽拍寄皇上之电，其号数为251。当1870年（普法战争）之时，所接到者常为"巴黎方面，并无新闻，波德别尔斯基"。而余则几乎每日皆有新闻寄上。现在竟有新闻记者出来主张，谓当时所供给之新闻消息，实远较今日为多，云云。

6月11日之报告

（时在东京。）

皇上陛下，余在5月19日及25日所发之第234号及第242号电报中，曾敬谨条陈，对于上海驻防之德军，宜将步兵数目增加一倍，并添派一个山炮中队加入其中（关于加派山炮中队一事，系由于上海附近，并无可以铺载野炮轨距的道路之故）。余甚引为荣幸者，即陛下对于此事业已加以允准。余之上此条陈也，曾经熟思再三，而且曾与陛下公使穆姆先生及海军副提督本德曼先行商议。

余固深知，英国方面似曾希望德军全部撤退，今见此种增兵之举，当然非所乐视。但余以为我们正于此中，可以得着指南，增兵之举，实为必要。假如法、日两国军队继续驻沪不去——余料该两国有意为此，则我们与英国之关系，当无独趋紧张之危；盖因多数列强——余在此处拟将美、俄两国亦算在其中——于此特向英国表示，长江流域应为万国公开，故也。余以为将来和议完全竣事以后，若英国撤去上海驻兵，则德国始可撤退驻沪军队。假如英国重兵（一旅之众）独留沪地，更加以该国逐渐增派之东亚海军，则该国对于长江两位督抚，极易行使操纵之权。盖现在该国与该两督固已尝在亲密接洽之中也。

在中国和议完全竣事及秩序稍为恢复以前，余以为德国重大海军驻防东亚军港一事，极有必要。此外常派几只战舰泊在吴淞海湾及长江流域，甚为有益。至于德国巡洋舰队减至四大艘一事，余认为实已缩到最少之数。究竟是否可以设法增至六大艘，则余只有冒昧敬祈陛下裁夺。

6月12日之报告

（时在东京。）

皇上陛下，余在5月27日所发第244号电报之内，曾经条陈陛下，对于天津及其附近，应该长期置于国际管理之下一事，认为极有必要。现在敬祈陛下准余对于此事理由，再行详解一番。盖余近闻大部分北京外交人士对于余之意见加以反对，故也。余意以为，假如天津地方一日尚在六千联军占领之下，则该处行政事宜，现以联军"临时政府"名义行之者，则亦应一日不能裁撤。倘若此项（驻防）联军必须时仰中国官吏鼻息以为生，则事之可骇当未有过于此者。其结果势将酿成无数争端，而北京外交团实身负调解之责，平空添出许多工作。关于此种必然结果，在北京外交团方面，似乎至今尚未明了也。余之条陈，在原则上完全不错，实可于下列两事证之：其一，即联军各国司令无不一致赞成余之主张；其二，即1899年"海牙会议"曾经规定，凡占领敌地之后，其地之行政事宜，即当置于占领军队监督之下是也。因为由津至海之交通，对于列强极为重要之故，余曾详细思维，乃于初冬之际，即将天津四围辽阔地方，尤其是白河沿岸一直至于河口，皆置在"临时政府"管理之下。余之此项处置，现在更足以证其不错者，即在此地带之内，计有两个法国铁路兵站，而且兵站司令部即设在白河岸上。此外联军各国之军用仓库亦在斯地；若不置于联军管理之下，则其势将为华官势力所左右。至于修浚白河一事，对于北京之安宁、天津之商业，皆有重要关系，余现在业已令其着手进行。倘若中国势力一旦复占上风，则余此种计划，立将归于停滞，或者永无实现之一日。余认为此项（修浚白河）问题极为重要，据余之意，即此一事，实已具有设立"临时政府"之价值。

据余细心观察所得，北京外交团一部分人士之所以反对"临时政府"者，乃系顺从天津领事团之请求。天津领事团之领袖为法国总领事杜士兰，其人甚为虚浮。该领事团之自矜其位，一如吾人常在外国各处所习见者。该领事团曾与"临时政府"之人员，在交际场中发生冲突，其重要原因当然应在（互争）等级位分关系中求之。其后因（该团）曾将此事上诉北京公使之故，遂得北京使团方面之容纳。余与陛下公使穆姆先生，皆认为此类争端不宜过于看得太重。假如未到演成公开冲突之程度，则最好置之不问。至于双方职务权限问题，本是并行而不悖。盖领事团之活动范围系在天津租界之内，而"临时政府"之活动范围则在天津华界之内，故也。因为双方住所皆设在租界以内之故，所以互相冲突一事，当然容易发生。

至于英国公使萨道义先生之所以反对"临时政府"者，除开彼之充分官僚习惯弗敢破例而行不计外，其原因当在该项"临时政府"之主席，因位分关系之故，恰恰落在俄人手中，而且是落在一位最为英人所恨之（俄国）将军沃加克手中。但就余之印象而论，该将军却是一位聪明而又有经验之人，执行彼之主席任务，亦复极为得法。据闻该将军在俄国方面似已另有他用（行将归国）。果尔则此后主席一职另行推举别国，固非困难之事也。

6月14日之报告

（时在东京。）

自从皇上陛下令余离开直隶，将余之联军统帅一职宽去以后，余现在不揣冒昧，将余在职期间所留下之印象若干，敬为陛下陈之。

（一）德国声望之在东亚方面，现已大为升高，毫无疑义。同时英国声望却大为降下。至于英国声威下落之原因：一则由于该国在直隶方面之行动，未免过于萎缩；二则由于该国欲得美、日两国宠爱之情日益明显增高，最为其余各国所不齿。又中国方面因与俄国接壤数千公里遥远之故，对于俄国虽然最为恐惧，但德国此次派遣如此重大海陆军队前往东亚，以及德军各种有力行动，却使中国得着特别深刻印象。盖中国从此当知，德国不仅是能派重兵来此，而且是无论何时皆愿应用全力对付。余以为只有德国军队之积极行动与中国当局之恐惧思想（相信无论何时皆有被人猛攻之可能）两事，始令华人发生敬畏之心，此固吾人不必夸大其辞而可以直言不愧者也。又法国军队之行动，因其素受俄国影响早为华人熟知之故，所以亦复不能获得华人敬畏之心。至于联军各国军队隶属德国统帅一事，虽其中法、美两国仅在某种条件之下，然德国声望之在东亚方面，毕竟大为增高，即在其余世界各国之中，亦当引起几分注意。关于德国企业欲望及资本运用两事，将来当能在东亚方面充分利用陛下所辟此项最良机会。

（二）德国军队与其他联军各国军队共同生活，几乎将达九月之久，以及由此互相认识，余深信对于德国声望，实有益处。从前反对德国之种种成见，现在多已消灭。德国之能干，而且——就大体而论——优于他人，已为一般所公认。不过表示方法各有不同，大部分仅系间接表示佩服，但直接公然表示景仰者，亦不罕见。

其中最令人值得注意者，当为法军方面。许多法国军官与德国相处之日愈久，则相亲之情亦愈增。彼等对于德军之能干，曾经公然表示承认。而且彼等并谓报仇思想在法国军队之中，现正日趋衰退，（再加以）此次在华共同生活之影响，其势更将促其迅速消灭，云云。倘若我们除开一些年纪较老之（法国军官）先生不计外，则法国军队仇德、恨德之说，实已不复存在。反之，法国军队方面，对于英国及其军队，既已恨入骨髓；同时法国军官方面，对于俄国及其军队，亦无真正同情。

（三）德国远征队之组织，所有国内各联邦无不按照其人口数目，派加其中。各邦军队之官长与兵卒，在远征队各部分中，联成一体，相处一年，而且共同作战，与敌周旋，对于全德民族一致精神之养成，不能无所影响。因此之故，派遣远征队于东亚一事，对于德国内部之进化，亦有良好效果。

（四）又派遣远征队于东亚一事，曾使陆海两军对于大批军队装船手续一层，得着极富经验。盖此次装运既极辽远，起船又遇困难，故也。此外陆军方面对于武装、衣服、粮食运输等事，亦得着许多极有价值之经验。盖此次战地情形，无论天气及土地方面，皆与欧洲战场迥然不同也。当此我们殖民地政策前途蒸蒸日上之时，余相信此次海陆两军共同活动之东亚远征队，对于德国将来发展，当有重大关系。至于数百陆军士官，因其见闻阅历不少之故，对于彼等智识，必将有所增进，余亦认为此次良好效果之一。

6月21日之报告

（时在长崎。）

皇上陛下，余谨将余在日本逗留期间所得印象，报告如下。

自俄人占领满洲并准备久留该地以来，日本民意经此刺激，不安达于极点。余曾有机会，得与日本国务总理（桂太郎子爵）、陆军总长（儿玉男爵）、各位高级军官、前驻柏林公使青木周藏伯爵等等久谈。因而察得，彼等无不深觉，现正处于困难决定之际。刻下日本财政之困难，当为现在尚不能毅然决定之主要原因。但日人方面固已深知，倘若坐待俄国西伯利亚铁路完全开车之时，则对俄开战之适当时机，不免从此错过。于是不但中国势将屈于俄国重大威力之下，而且日本亦复从此无力单独向俄开战。据现势而论，假如只是日、俄两方对战，他国不与其事，则日本实具有向俄宣战之能力，此固一般有识日人自信不疑者也。近来日人对于（法国总长）德尔卡塞先生前往圣彼得堡一事极感不安，盖日人误疑此君将在彼处，对于东亚问题，密结俄法同盟条约，故也。

自中日战争以来，日本对德之恶感①，现在渐已改变。群谓当时因顾虑政治关系未易全然洞察之故，当然对于德国不能无所介怀。但其后情形大变，不复如此矣。所有日本各方皆曾向余明言，报纸论文之中亦复时常

---

① 此系指三国干涉还辽事。——译者注

流露，大意无非表示日本方面，深信德国对日之友善态度。并且希望，倘若日、俄开战，德国当可保持中立云云。

余曾得机会，一与东京俄使伊斯沃尔斯基先生久谈。此君为人甚属聪明。唯余在此有一事不能不特别提出者，即余从此位细心观察之公使口中，发现一种极为忧愁之语气辞意。彼曾向余云：若与日本老政治家周旋，尚能彼此相洽。但该国之新辈，则将近年胜利之事充满脑中，日益增长不已。其中更有一部分竟自罹了夸大狂。此外并有一些日人，公然追寻黄种伟大前途之梦云云。

若专就纯粹军事方面而论，则余相信，假如日本果能筹得必需之款，现在确实完全可以使俄痛受巨创，而且此项战争之结果，当大有影响于中国将来对俄之态度。除开日本海军实力绝对超过俄国海军不计外，余以为陆军方面，日本亦系俄国之劲敌。而且日人具有巨大便利，即能在本国近旁作战是也。此外日本新制之野战快炮，假如对于弹丸方面若干缺点，果能加以改善之后，则在炮队方面，日本更有绝对胜过俄国之把握。

除了满洲以外，高丽之前途，亦为日、俄两国间之重要问题。

日人之意，以为日本、高丽两国，不仅是人种、宗教两事彼此甚相接近，而且是地理、经济两途，关系亦极密切云云。此种意见固亦有其相当理由，吾人不能加以否认者也。（近年）日本人口之大增，颇需国外大批粮食之供给。假如高丽方面许多未垦土地，皆为日本移民所垦，以为日本之用，则日人对于粮食供给问题之解决，实以此为最捷之径。

俄国方面对于日本占领一部分高丽之事，虽或可以许可，但若日本果然完全吞并高丽，则俄国势将决不承认。俄国之意，以为海参崴与旅顺之间，必须有一安全坚稳之联络路线，并以马山浦一地（在高丽东南角上）为最适于建筑巨大军港之用。俄国图谋马山浦之心愈急，则日本反抗此举之情亦愈烈。余从可靠方面闻知，倘若俄国果将马山浦占领设防，则日本即以宣战作答。

若就两方论点言之，皆各自有其理由，不能加以抹杀。因此之故，余遂觉得，若有一方希望此事速决，则其势立可引入严重解决之途。据余之意，俄国军港直对日本海岸一事确非日人所能安视容忍。反之，余却相信，俄国方面倘若放弃海参崴、旅顺间之联络，对于俄国之利益，并不必大有所损。因为赤塔、吉林、大连间（大连系在旅顺东北四十五公里左右，至于旅顺本身，则当专作军港之用）铁路之占有，于是西伯利亚巨大铁路之终点，遂直达中国海面。俄人更复努力筹集巨资，欲将大连筑成伟大商港，将来此港或将大为减削海参崴方面商业之势力。

因为东亚方面时局变化，在最近将来甚为重要之故，余觉得东京方面，亦应按照现在北京之例，置一年长军官，随时观察军事情形变化。尚祈陛下准余谨将东京使馆应设海军随员一位之议，恭呈陛下，以引陛下圣心注意。

6月22日之报告

（时在长崎。）

余在中国每与俄人接谈，彼等均谓中国业已完全瓦解，即在和议正式完竣以后，中国亦复不能安宁，势将永陷混乱状态之下云云。俄人此种众口一辞之情形，尤其是自从（俄国）侯爵乌赫托姆斯基来到北京以后，使余特别感觉。因而余相信其中必是曾经先行约定，同作此语。大约各种俄国机关，均曾受有命令，一律依照此旨发言。

据余之意，今日尚无一人，能够对于中国之最近将来，以及此后前途，下一确当断语。至于余之个人方面，却不敢相信，中国业已到了逐渐瓦解之境。中国领土非常之大，中国人民属于同一种族，几乎全体相信同一宗教，而一般群众，身心既极健全，指导又甚容易，（因此种种之故）实难迅速土崩瓦解。假如天为中国降一有力君主，其人既能根本铲除中国一般上流阶级腐败情形，又能同时利用西方之文明，则中国前途正是未可限量。余甚至于相信，中国将来或当成为俄国一个最危险之敌。

至于俄国之利益，在于得一虚弱中国为邻，此固系当然之事（不待智者而知）。因此彼虽对华极讲口头亲善（此种亲善效果，在实际上只使中国土地日蹙月损而已），而其方针却在努力保持中国虚弱现状，或者更使此种虚弱程度愈为增加。又中国自身对于俄国方面确是最为害怕。假如中国不得他国之助，其势亦必逐渐屈于俄国巨大威力之下无疑。

因此之故，假如他国果愿参加压迫中国之举，实为俄国衷心所希望。余相信俄国方面正设法促使勾引法国，将其安南领域界线，再向北方进展。同样，俄国亦极乐视德国扩充山东省内地盘。因为如此一来，则法、德两国势将与英，甚或与美，发生争端。法国并吞中国南部之事，颇为安南总督杜梅先生所热心经营，但此事甚为法国军事当局所反对。

余以为恢复中国安宁秩序，赞助中国经济发展，实为德国之利——关于此点，德国与英、日、美三国以及真正明达的法国之利益，完全相同。所有上述各国，尤其是德国，皆欲在中国方面，为本国工业出品觅得销场，为本国商业航业，大谋其利。此外对于中国至今向未发现之丰富宝藏加以开发利用，实为各方之益。因此之故，上述各国之利害恰与俄国相反，盖俄国所希望者系一个衰弱无力的情愿服役的中国；反之，倘若中国经济发达，尤其是政治兴旺，实使俄国发生恐惧之心。

在各国中，对于中俄关系前途之进展，受其影响最多最早者，当然要推日本。现在俄国对于日本，当已不能不视为东亚方面之巨敌矣。因此，余以为德国政策（或者联合英国而为之），似宜努力设法，暗中小心帮助日本，并向日本特别保证，假如日、俄开战，德当严守中立云云。倘若日本为俄所败，则俄国东亚霸权从兹达到。反之，倘若日本打胜，则俄国势将倾其全力用于该国极东边境。盖因该国东亚方面久费经营之全部势力，业已陷于危险，故也。

至于东亚人士所梦想之黄种前途希望，即或此次俄国打败之后，亦尚十分辽远，现在实无加以详细讨论注意之必要。

此外，余认为甚可注意者尚有一事，即东京方面曾经向余咨询，倘若日本派遣军事教官前往中国，则德国对此将取何种态度云云。余对此问未曾加以回答，但余相信，此事已在北京方面讨论，已成为会议谈判中之题目。

6月24日之报告

（时在格拉舰上。）

皇上陛下，余不敢遗忘，继续余之6月8日报告[1]，再为恭奏如下。

6月8日3点左右，余偕中尉伯恩、少校马歇尔男爵、正军校韦尔贝格、中尉奥伊伦堡伯爵、卫士纳塞尔及穆勒等等，行抵神户港口，沿途平安无恙。当该船入口之后立即来到船上者，计有（日本）第十师长川村景明男爵，兵库县总督服部一三，德国使馆之中尉里特与译官梯也尔，在余营中充任名誉职务之（日本）少校 Oba 及 Oi，以及德国领事科伦。

晚间6点钟，余乃登陆。在起岸之处，又有神户总督及行政长官，率领无数该地有名绅士来接。此外神户青年军团及各种学校，皆排队欢迎。该地行政长官前致祝辞，并恭呈神户市民贺帖。当余往谒领事馆及德国俱乐部片刻之后，随即略览神户几处名胜，然后复回赫莎舰上。

6月9日午前6点钟，余乃乘车前往京都。该车之上特为余与随从人员挂有花车二辆。余之随从之中，除上述各位先生外，尚有（德国）舰长德尔泽夫斯基在内，该舰长乃系由余邀请偕往日本者。在大阪车站，（日本）第四师长小川男爵与其参谋人员特来贺余。在京都地方，因参观许多有趣名胜之故，占去镇日时间。余并利用机会，置一花圈于攻取大沽炮台

---

① 此项报告内容，系瓦德西恭报离开北京及直隶之举。——译者注

阵亡之（日本）舰长服部雄吉墓上。晚间8点，余复继续旅行，前往东京而去。系于6月10日午前11点钟左右，抵达该地。

在车站之上，前来欢迎者，计有（日本）第一师长伏见宫贞爱亲王、总督、铁路总监、行政长官、在余营中充任名誉职务之将军福岛安正与礼官伊东，其次则为陛下公使阿克伯爵，与其公使馆中各位先生，以及德国驻横滨总领事科茨等等。此外车站内外，更有许多人众表示热烈欢迎。余从车站乘坐宫车前往千叶宫，该宫乃系指定为余及随从人员驻节之所者。余到该宫之后，（日本）参谋总长大山元帅、陆军总长儿玉男爵、高等礼官三宫，立即前来拜谒。

1月11日午前11点30分，余与随从人员，得蒙皇帝、皇后陛下赐见皇宫之内。晋谒之后，并继以宴会。当其往谒之时，第一禁卫联队曾派礼兵中队一个，列于宫外致敬。其后用宴之际，宫庭乐队所奏者，几乎全系德国调子。是日午后余曾往拜皇太子，以及其他数人。晚间余赴太子嘉仁殿下之宴。

6月12日午前，（日本）皇帝陛下曾赐恩准余参观士官学校及武备学堂。余由军事教育总监寺内正毅中将及武备学堂监督高木少将引导参观，其结果使余深悉该校之组织及办理何等完善。正午余赴（德使）阿克早餐之请。（日本）皇子彰仁及嘉仁殿下、（日本）内阁大臣及高等官吏、大部分（各国）公使，均在座中。（日本）皇子小松宫彰仁亲王曾高呼（德皇）陛下万岁，举座之人，无不热烈同声相和。午后，德国使馆之内，复设一花园大宴，其中曾有许多居留东京与横滨之德侨及其夫人被邀列席。晚间又赴（日本）陆军总长儿玉男爵之宴，其间曾遇着许多能操德语之军官，颇使人特别注目。该陆军总长曾为（德皇）陛下三呼"乌拉"，余乃高呼日本军队及陆军总长万岁以答之。盖以日本军队因受陆军总长之优良训练，乃能如此精干善战，故也。

6月13日午前，余赴（日本）皇后陛下特别招请，往谒贵胄女子学校。该校系在皇后陛下庇护之下，约有三百贵族女子肄业其中，年龄系自五岁以至于十八岁。正午余赴（日本）皇子小松宫彰仁亲王殿下之早宴，该宴系设在彼之宫中。午后余赴红十字医院看视病卧该院之（日本）将军田村，此君当为陛下在柏林方面素所熟悉者。是日晚间，余到德国俱乐部之中。此处使余不胜欣喜者，即余觉得，此间德人之商业及生活，亦复何等优良卓越是也。

6月14日早晨，高等礼官三宫奉（日本）皇帝陛下之命，赠余极有价值之礼物，一架屏风、两个铜瓷瓶，皆系日本美术优良作品。（德国）公使阿克伯爵复将分给余的随员及卫士之徽章交余。午前11点30分，余曾忝叨荣幸，得向（日本）皇帝、皇后陛下辞行，蒙其赐见。余乃借此机会，对于日皇屡次天恩，致其深深感谢之忱。晚间，（日本）参谋总长大山元帅复在帝国饭店设宴请余。大山元帅曾高呼（德皇）陛下万岁，余乃致辞恭贺日本参谋部。余并将该部对德特别友善之关系，格外提出，然后再向参谋总长致其贺意。

6月15日，乃往横滨一游，余在该处备受德国俱乐部及万国俱乐部之欢迎，并在德国总领事科茨处早餐。

星期六（6月15日）日本皇帝陛下曾赐天恩，准余得在千叶宫内设宴请客，共计发出请帖四十二张。列席之人，计有（日本）皇子彰仁及嘉仁、国务总理桂太郎、外交及内务总长（小村及内海）、元帅山县及大山、陆军总长及海军总长山本、高等礼官 Sanomyia，以及其他显爵。（日本）皇子小松宫彰仁亲王殿下曾高呼（德皇）陛下万岁；余乃忝叨荣幸，大呼日本皇帝陛下万岁以报之。余在此处更欲再为提及者，即（日本）皇帝陛下之天恩，使余何等深深感动是也。经过此次宴会之后，余之官式逗留日本一事，既告结束，乃于6月16日前往日光①，并在该地逗留，直至6月18日上午。

6月18日正午，余复到东京。在车站之上，又受在余营中充任名誉职务之各位（日本）先生，以及（德使）阿克伯爵之迎接。余在使馆早餐之后，即赴车站而去。该站之上，并有（日本）参谋总长、陆军总长，以及

---

① 此处系日本名胜之地，距东京四个半小时火车之遥。——译者注

其他高级官吏前来作别。晚间6点30分，余乃续往神户。复蒙（日本）宫内省之优待，为余特挂卧车一辆。在余之随从人员内，随余营中效力之（日本）少校 Oi 及 Oba 两人，亦在其间。此外（德使）阿克伯爵及舰长 Gühler，亦复同行。

6月19日午前11点钟，余抵神户。复在该处车站，备受总督服部一三以及官厅之迎接。出站之后，一直乘车前往市政厅。凡余所经街道，皆有青年军团列队于旁，见余车来，则举枪致敬。在市政厅之中，余复承赠银钵一个，以作余逗留日本之纪念。所有神户著名绅士及全体外国侨民，对于此项赠品，皆曾参有份子在内。至于呈授该项赠品以及代表发言之人，则为日本商会会长山本。

是日早餐，系受德国俱乐部孔科尔迪亚之请。列席者除余及公使以外，尚有该地代表、总督，以及他国侨民数人。恭贺（吾皇）陛下与日皇（陛下）之时，举座无不热烈同声相和。

午后3点左右，余到赫莎舰上，乃与阿克伯爵及（日本）各位名誉职员先生相别。3点30分，赫莎舰遂向内海驶行。

最后，余尚有一事恭奏吾皇者，即余旅日期间之内，凡有所遇，无不十分礼貌，特别殷勤，每日皆有皇恩厚遇下及。从皇帝陛下直到各部长官，甚至于居民之间，皆令人觉得，彼等对于余之游日，极为欣慰不已。而且每人皆欲直向吾身以表示间接尊崇陛下之意，并将其倾向之情，特别表出。

8月5日德皇致瓦德西之函

（时德皇正在太后病榻之侧，后数日太后即行逝世。）

致余之侍从武官长、大元帅瓦德西伯爵：

使余最为心痛惋惜者，即余久怀（俟君一旦归国）定将亲致问候之意，今竟不能实行。因为现在正值阁下——去国行将一载，曾在东亚方面获得胜利成功，但同时亦复身经战争、勤劳、忧虑不少之后——重履德国故乡之时也。请君确信自己万事皆可称为模范之已往军事成绩，既不自利，又喜牺牲，甘愿立在中国战役之前锋。阁下曾以聪慧天资，见事深透，手段敏妙，遇事沉毅，并能忠实对待阁下所领、为宗教文化而战之各国军队，得将所负重大艰难之责任，办理极为妥洽。这对于祖国以及文明世界，实算一种劳绩，此种劳绩在近代史中，定将永远不忘。余以极热之皇帝谢忱，欢迎阁下回国。余将时常忆念阁下及军队，如何忠实情愿以听余之（君等最高军事主宰之）命令。阁下与其部下军队，关于余对阁下之信赖，真是何等十分无愧。

1901年8月5日自腓特烈宫

威　廉

11月23日之报告

（时在汉诺威。）

皇上陛下，余对于巴黎《晨报》10月27日所发表的中国远征期内（法国）将军华伦致余之函件，相信颇有略加解释、上奏吾皇之必要。

余之意见，固然以为此项函件之发表，当非华伦将军本人主动，乃是由于法国政府指使，或者至少系得法国政府同意，而由接近政府之人士所发表。因此项人士现正努力对于国内一部分狭义爱国及天主教徒人民，方思有所顺迎其意，故也。但是无论此事之发动情形如何，而实际上此项函件足以引起德国社会方面对于余之（由陛下议设之）统帅地位，加以误会。因为不明反对党在报纸上及国会中的行动之故，此项函件最易成为恶意攻击陛下政府之把柄，以及对余个人加以讥评之资料。

因此之故，余现在谨将有关兹事之军令等等，以及回答此项军令之函件——按即《晨报》上所发表者——恭呈陛下，并且敬加解释。

因为华伦将军不在余指挥之下的原故，所以余极细心对待，勿使彼发怨言，谓余曾有干涉彼的权限之心云云。凡有关于共同作战之事，余皆先行与彼口头或书面商定。此外，余对于其他各国军队所下之命令，亦尝将其内容通知彼与美国将军查菲两人。盖法、美两国军队既不在余指挥之下，对于此项命令，当然特别注意，故也。彼等接到此项通知之后，亦复时常复信感谢，证明收到。此种办法，确系妥当。因该两将军从未对于余之调度情形，加以埋怨，故也。但在他方面，余又不能不对于麾下所属各国军队之权利加以庇护，对于法人所提之保护权要求①加以拒绝。

至于余个人与法、美两将军之关系，却自始至终，皆极相洽，而且彼等对于余之建议亦有多次极表赞成。只是对于（法国）将军华伦方面，往往不免发生困难，盖该将军之当面口头约定，每每与其后来宣言内容不尽符合，故也。因此，普通揣测（一如余在1900年10月5日2039号报告中，曾经上奏陛下者），以为华伦将军之参谋长常在其旁监督彼之行动。所有彼之良好意见，每被该参谋长引证法国政府之命令与意向，时常暗中加以破坏。

该项致余之函件，当然亦系出自此君（指该参谋长而言）手笔。而且或者握笔之时，即已预备公布社会之用。至于当时余对此类函件之回答，当然仅以有益于事者为限，（固不能一一加以答复）。

在实际上，华伦将军曾屡次向余个人以及（余之参谋长）施瓦茨霍夫将军言曰，倘若彼能隶余指挥之下，一如其他各国军队（司令）将军，则在事实上确较有益。即据彼个人之老兵经验资格而论，亦宁愿归余调遣云云。此外彼又时常求余，若有规模较大之攻取行动，勿使法国军队落后云云。以是之故，乃有共同攻取保定之举，以及（法国）将军白劳德担任由津出发的联军纵队司令一职之事（该纵队系由德、英、法、意四国军队所组成）。但该司令行抵（保定）城外之时，又归由京带军前来之（英国）将军加斯特节制。以是之故，其后复有各国军队担任分防北京、天津、保定附近各地之举，以及保定南面法军前进护余左翼之事。

至于余之下令干涉悬旗一事，实因当时余对于各国军队，尤其是法国军队，以及中国居民之滥行悬旗达到极点，故不得不加以干涉。在各国军队方面，系以为将旗悬在城门庄舍，当可由此多得驻扎之所。在中国居民方面，则以为悬上某国国旗，当可得着某国保护。其选择旗帜标准，当然系以最有利益者为先。通常则系彼等若如某国军队正向该处前来，遂选

---

① 如法人要求保定独归法军保护之类。——译者注

悬某国国旗。当其联军往取保定之时，曾有许多法国天主教牧师随营前往，以便复回彼等旧居。而且其中一部分更往往身先军队而行，彼等随带大批法国国旗，分散各处城乡。因此之故，各国军队每当行近城乡之时，即已见有法国国旗临风飘扬，无不十分惊讶之至。

如果华伦将军自谓，中国居民对于法国军队，特别表示同情云云，则此项言论只算是法人虚浮自负（习性）之一种产品而已。中国官厅对于法军不守纪律，抢掠劫取，尤其是强奸妇女之怨诉，时常不绝地来余耳中。至于各国军队，确是无不对余感谢实行干涉滥悬旗帜之事。即华伦将军于其函中，对于此种滥悬旗帜之事，固亦自行承认者也。倘若当时对于彼之长篇函件详细答辩，则其结果只是引出许多笔墨（官司），实以避免为善。（更因预防各国军队互相冲突以及保护安分中国居民之故）于是余乃建议组织一种国际委员会，以管理北京。

从此项文件中，当可充分看出，余当时并未有意利用"预拟任命一位将军以做该项委员会主席"之机会，直将该委员会作为余之附属机关，管理全部北京警政事宜，由此以使各国军队司令之警察权限受其限制。不过就当时北京情形而论，余以为无论为联军各国军队利益计，或为此种百万人口大城之居民利益计，均应设置一个"常驻国际委员会"，规定若干各国共同遵守之原则，以处理一切公共问题。至于该项委员会所办之事，只限于"公共安宁秩序事宜，卫生及军队给养事宜，人民粮食问题，筹款以作此项开销问题"，一如当时通知书中业已详言者也。

（余之参谋长）施瓦茨霍夫将军，曾奉余命，将余条陈先与（法国）华伦将军及（美国）查菲将军两人接洽。既经接洽之后，余遂亦相信，该两将军对于余之条陈，当能加以同意。因而余在12月3日特备公函，连同该项通告书一并咨送该两将军，请其正式发表同意宣言云云。其后查菲将军遂直接宣告美国军队加入该项委员会合作。而在华伦方面，则于12月6日，作函备述彼之种种异议。其中彼甚引为忧虑者，即如果任命一位德国将军以做该项委员会主席，则德国势将处于优势地位是也。后来施瓦茨霍夫将军又复再向华伦将军详细解释该项机关必须组织之理由，与其毫无政治意味之关系。但其结果，终不能使华伦将军对于彼所悬想之本国政府命令，换言之，即是对于"德国将军"为主席一事，以及巴黎方面势将由此引起疑虑等等，一旦去怀。因此之故，如果欲使华伦将军转圜，则只有一法，即余对于身在统帅地位势所不能避免之任命委员会主席一事，加以放弃是也。但余在此，固不仅是代表德国一国，同时更需代表隶余麾下之各国军队，因此不能（随便）放弃上述职权。而且余以为再与华伦将军继续辩论，实无目的之可言。

因此之故，管理北京委员会之组成，并无法国军队代表在内。其结果，该委员会之条例及议决，对于法军占领之市区——只是一个狭小之地——当然不发生效力。但其后该委员会对于军队及居民幸福之增进，不久即大显成效，即在华人方面亦复屡次公然承认。此种幸福更因相形之下特别令人感觉者，即其时法国区域之内，永是一种最污浊、最黑暗、最不安宁之世界，为人人所欲避行是也。在此种关系之下，因而该委员会对于各种议决及设备，亦复不愿通知华伦将军。又该将军在12月6日函中，虽曾特别声明，对于一切财政税收问题，决不愿受该项国际委员会之束缚云云。但该将军却不怕羞，竟于两月之内，屡次向余呈请，转入该委员会，准彼分润该会存款云云。盖此项存款乃系北京城方面缴与该委员会以作开销者也。余因避免嫌疑，勿使华伦将军误疑余的个人势力影响该会议决之故，乃将此项呈请直接交由该委员会自行办理。其结果，该委员会对于该将军之请求，当然加以拒绝。

此外《晨报》所公布之第三封信，其发出日期为12月30日，乃系关于庇护中国教徒问题之来往文件。

在保定府方面，法国牧师杜蒙特曾特别努力，搜集中国教徒控告德国兵士之诉讼，以便送交法国将军白劳德。（德国）将军克特勒当时方在保定指挥德军，乃向彼之法国同事（白劳德将军）请求，转告杜蒙特牧师，凡有控告德国兵士之诉讼，宜直接呈交德国机关办理云云。其后白劳德将军回信，乃不能不自承，彼因实行华伦将军所下训令之故，曾通谕保定附近全体中国教徒，所有彼等利益，专由法国军事机关庇护云云。于是克特勒将军乃将此情禀余。余遂立刻电命克特勒将军，拒绝法国方面（关于此项讼案）之居中媒介。此外余又致函华伦将军，略谓此种办法实与联军彼此平等之原则不合。其中当系由于误会所致，甚望将此误会从速扫除，并将解决此事之训令见示云云。未几，余遂接得10月30日一函，是即《晨报》上所公布者。该函之内曾经保证声明，无论华伦或法国旅长将军，皆未存心破坏联军彼此完全平等的权利云云。

对于华伦将军之高谈数百年来法国保护天主教会之遗习种种政论，余则故意置之不问，以保持余之纯粹军事地位与纯粹军事要求。只要余之要求业已办到，余即心满意足。在实际上，此项要求亦已果然办到。不仅是依照余之请求，樊国良主教特将杜蒙特牧师直从保定召回；而且是白劳德与克特勒两将军之间，对余所立彼此对等原则，立刻完全依照，彼此和衷共济，不再发生障碍。

当保定府10月20日由联军占领之时，白劳德将军曾在行将占领之前为满足法国庇护欲起见，提出该城全归法军庇护之要求。后因当时正驻该处之（德国）将军盖尔男爵的紧急抗议，于是其时指挥该地联军之（英国）将军盖斯利爵士，乃将法国请求不仅是严重驳回，而且任命了一位德国军官（维内肯少校）为警察总监。在彼之下另由参与该处军事之四国（英、法、意、德），各置副监一人（请参阅1900年10月26日第2079号之直接报告）。又当时保定方面之国际法庭，系为审判残杀教徒最有关系之中国官吏等等而设。亦因德国方面要求的缘故，白劳德将军之被盖斯利将军委充斯职，曾经附以下列条件，即由该庭所下之判决，须受余之核准方可是也。因为争执之事，既由克特勒与白劳德两位将军之互相辩论，迅速直接了结，所以余对于华伦将军不合事理之报告，所谓"10月20日保定城前高级军官会议之中，法国旅长将军举动并未被驳"云云，不复再行加以讨论。盖已与事实无关，故也。

至于法国（所谓）传统的直隶天主教徒保护权，其中有须特别注明者，即华伦将军在北京方面行使此项保护权限，实际上仅限于彼所占领之市区内面，而且已在北塘法国天主教会解围之后。盖北塘法国天主教会饱受拳民压迫与围困，直到北京攻下两日之后，始由日本军队（并非法国军队）将其解救。此外法军方面对于北京西北及正北两边，以至于蒙古界内之许多天主教会，亦未加以丝毫保护。直到（德国上校）约克（伯爵）统率纵队往攻张家口，与（德国）将军盖尔男爵复将军队由该处开回，以及（德国）中尉帕维尔与（德国）将军特罗萨之出征，再加以（德国）克斯汀与库默尔两位中尉之神妙骑巡等等，始将上述各地天主教会置于安全之下。而且保护之周，尝为樊国良与林懋德两位主教所深感不已。又该两主教对于法军之保护不周，时常致其十分不满之意。

最后，余尚有不能不再为恭谨上奏者，即是虽有上述（法国方面公布之）函件，而德、法两国军队之间，相处却颇融洽（至于该项函件，不过证明法国与我们之间，并不十分亲密——报仇思想并未完全忘去——而已）。所有德、法两军官长与兵卒，皆未尝发生冲突一次。不但未尝冲突而已，并且两军兵卒之间，时常互相订交。官长之间，极为互相敬让；其在小部驻防之处（如杨村及山海关之类），两军官长甚至于极相友爱。曾有许多法国军官向余言曰，彼等极愿在余指挥之下，开向敌阵而去云云。当余行将启程之前，天津方面英、法两军之间，曾发生冲突一次，颇带严重性质之象。（法国）将军华伦尝乞余从中调停。并谓余曰："君之威望如此隆重，无论何人对于君之裁断，皆将听命服从。"云云。当6月2日天津分手之际，该将军特别对余感谢在此远征期内余（待法军）之忠实无偏态度，彼并特别声言，余之此种态度，极为彼之（在华）同胞所心感不已。